AF451755

OBSERVATIONS

SUR

LES ORDONNANCES

DE LA MARINE.

1789.

par Kersaint

OBSERVATIONS

ques mois, à rédiger quelques Observations sur la
Marine, & à les présenter au Ministre de ce Département. Ce travail, auquel je ne pus donner alors
que peu de temps, [...] imparfait, &
j'étois aussi fort éloigné de penser à le rendre
public. Mais enfin imaginant que dans les circonstances actuelles il pourroit offrir quelques idées utiles,
je me suis hâté de le retoucher, ou plutôt de le
refaire, & de le mettre du moins en état d'être livré
à l'impression.

OBSERVATIONS

SUR

LES ORDONNANCES

DE LA MARINE.

CHAPITRE PREMIER.

Précis historique des Ordonnances de la Marine.

LA Marine Françoise a long-temps exiſté ſans
avoir de Code qui réunît en un ſeul corps &
en un ſeul ſyſtême les Loix qui devoient la régir :
quelques Réglemens épars, quelques Déclarations
concernant des objets particuliers , quelques
ordres donnés, au beſoin, par le Roi ou par
les Miniſtres , c'étoit-là toute ſa légiſlation. L'on
pourroit examiner , & cet examen ſeroit aſſez
intéreſſant, comment, tandis qu'elle étoit ainſi
gouvernée, elle ne laiſſa point d'être redoutable
à nos ennemis, & de faire même plus de grandes

choses, peut-être qu'elle n'en a fait depuis ; mais
cette digression m'éloigneroit trop de mon sujet.

Quoi qu'il en soit, à cette brillante époque du
regne de Louis XIV, où ce Prince, avide de toutes
les sortes de gloire, voulut acquérir encore celle
de Législateur, ce Code qui manquoit fut formé.
L'on s'occupa d'abord de la Marine Marchande ;
& après que les Seguier, les Lamoignon & les
Pussort eurent travaillé à la réformation de la
Justice civile & criminelle, & rédigé les fameuses
Ordonnances de 1667 & 1670, Colbert mé-
dita & prépara celle du mois d'Août 1681. Je
n'entreprendrai point ici de faire sentir tout le
prix de ce grand ouvrage ; un mot suffit pour le
louer. A peine cette Ordonnance eut-elle paru,
que presque toutes les nations commerçantes
l'adopterent, & qu'elle devint, en quelque sorte,
le droit commun de l'Europe.

Peu d'années après, Seignelai fit pour la Marine Militaire ce que son pere avoit fait pour la
Marine Marchande, & il n'obtint pas moins
de succès. L'Ordonnance publiée en 1689 mérita,
comme celle de 1681, d'être approuvée & presqu'entièrement adoptée par les nations voisines.

Ce n'est point encore le moment de faire
voir combien la constitution établie par cette
Ordonnance est préférable à celles qui lui ont
succédé de nos jours. Je me borne à remarquer

ici que l'œil attentif du Ministre se porta successivement sur toutes les parties du service,
que les devoirs du dernier Matelot, comme ceux
du premier Officier, furent exactement tracés,
& que tout, en un mot, fut réglé, spécifié, déterminé, avec cet ordre, cette clarté, cette pré-
cision qui font que la multitude des détails ne
nuit point à l'ensemble, & qu'elle laisse toujours
voir l'unité du dessein.

Malgré cet amour de la nouveauté que l'on
reproche à notre Nation & plus encore à notre
Ministere, cette Ordonnance subsista près de
quatre-vingts ans sans souffrir la moindre atteinte.
Tout au plus on se permit quelques additions,
quelques légers changemens qui paroissoient né-
cessités par le temps, par les circonstances, par
le progrès naturel des choses. Mais en 1765 elle
fut tout-à-coup remplacée en entier par un
nouveau Code.

Le Ministre qui gouvernoit alors joignoit à
de grands talens les défauts qui en sont assez
communément la suite. Actif & ambitieux de
gloire, il avoit la passion de réformer, de ren-
verser, de recréer, & la Marine ressentit,
comme presque toutes les autres parties de l'administration, l'influence de ce génie entrepre-
nant. Trop habile néanmoins pour ne pas comprendre que la constitution établie par l'Ordon-

nance de 1689 étoit la meilleure encore que
l'on pût imaginer, il s'occupa bien moins, ce
semble, à la réformer, qu'à trouver les moyens
de paroître innover, même en la conservant.
Un ordre différent de matières, des articles trans-
portés d'un titre à l'autre, quelques dispositions
énoncées dans d'autres termes, le chiffre Romain
substitué au chiffre Arabe, un petit nombre de
détails plus approfondis, quelques modifications, quelques extensions; c'est à quoi se ré-
duisirent à peu près tous les changemens, bien
plus apparents que réels, imaginés par l'Auteur.
On peut dire aussi que l'Ordonnance de 1765
ne fut guère autre chose qu'une nouvelle édi-
tion de celle de 1689 corrigée & embellie.

Cette innovation, au fond peu importante,
puisque les choses demeurerent toujours à peu
près dans le même état, devint funeste par
l'exemple. Bientôt, en effet, on en vit succéder
d'autres qui furent déterminées par des motifs
beaucoup moins excusables, motifs qu'il est nécessaire de développer.

De tout temps notre Marine a été composée
de deux classes d'Officiers; les uns purement
Militaires, & qu'on nomme plus proprement
Officiers de Marine ou de Vaisseau; les autres
qu'on appelle Officiers d'Administration. Ceux-
ci sont pour le service de la Marine à peu près

ce que font les Commissaires des Guerres pour
le service de terre. Leurs fonctions consistent,
soit dans les ports, soit à la mer, à veiller
aux achats, à la conservation, à l'emploi des
approvisionnemens; à suivre le travail des Ouvriers, arrêter leurs journées, former les équipages; en ordonner la répartition, tenir les
comptes, dresser les rôles de payement; & ils
sont chargés, en un mot, de tout ce qui tient
plus particulièrement au civil & aux finances.
Du reste, le corps des Officiers d'Administration
étoit composé, même avant l'Ordonnance de
1689, d'un Intendant & d'un Commissaire général pour chaque Département, de Commissaires ordinaires, d'Ecrivains principaux, d'E-
crivains ordinaires & de Commis.

Il étoit, sans doute, à desirer, pour le bien
du service, que l'on vît régner constamment
l'union & la bonne intelligence entre ces deux
classes d'Officiers; mais malheureusement les
passions humaines n'ont presque jamais cessé
d'entretenir la haine & la discorde, & quelquefois même, par une fausse politique, le
Ministere a pris soin de les fomenter.

Cette inimitié réciproque, qui s'est toujours
fait plus ou moins sentir, devint plus vive
encore après l'Ordonnance de 1765. Celle de
1689, en abrogeant la vénalité des Charges de

Commissaire de la Marine qui avoit accordé aux Officiers d'Administration les honneurs de divers grades Militaires. L'Intendant avoit le rang de Maréchal des Camps ; le Commissaire général celui de Brigadier ; le Commissaire ordinaire, celui de Capitaine de Vaisseau. Or l'Ordonnance de 1765, confirma & accrut même ces prérogatives honorifiques dont ils jouissoient. Elle y ajouta la décoration d'un uniforme, & elle leur donna plus particulièrement le nom d'*Officiers*, qu'ils ne prenoient guère auparavant.

Cependant les *Officiers de Vaisseau*, très-jaloux déjà des distinctions précédemment accordées à des gens qu'ils ne vouloient considérer que comme des Financiers, & que, par une sorte de dérision, ils appelloient des *Officiers de Plume*, ne purent les voir confirmées & augmentées sans que leur orgueil en fût encore plus vivement blessé. Ajoutons que, d'un autre côté, peu fondés que les Officiers d'Administration étoient entièrement dévoués par état aux Ministres & aux Bureaux, qu'ils les regardoient comme des surveillants incommodes prêts à rendre compte de tout ce qu'ils voyoient. Osons le dire enfin, par une suite de la corruption générale des mœurs, les Officiers de notre marine commençoient à perdre cet esprit vraiment militaire qui ne voit & qui ne désire que la gloire. Plus

fieurs d'entr'eux n'auroient point dédaigné d'unir
à leur épée cette plume qu'ils ne méprifoient de
méprifer que parce qu'elle étoit. Mais d'autres
de Maréchal des Camps, le Commiffaire général

Toutes ces caufes réunies ne manquèrent point
de produire l'effet qu'on devoit en attendre.
Bientôt les deux Corps fe déteftant également
l'un l'autre, furent beaucoup moins occupés du
bien du fervice, que des moyens de fe nuire
réciproquement, & tel fut le véritable objet
de la plupart des plans, des projets que l'on ne
ceffa de préfenter au Miniftère.

Quoiqu'avec moins de pouvoir & de crédit,
du moins en apparence, le corps des Officiers
d'Adminiftration fut le premier à triompher.
Arrivé au Miniftère de la Marine, M. de Boynes
ne tarda point d'adopter l'idée d'une nouvelle
conftitution qui leur étoit fort avantageufe, &
qui, dans l'exécution, le devint encore plus.

En effet, dès fon entrée au Miniftère, M. de
Boynes avoit tiré du fond de fa province le
fieur de Guendreville fon frere, pour lui donner d'Intendance de Toulon, & ce fut à lui qu'il
confia le foin de faire exécuter fa nouvelle Ordonnance publiée dans le courant de l'année 1772.
Abforbé même, dans ce temps-là, par de vaftes
projets d'ambition, & par les intrigues qui, à
cette époque, bouleverfoient le Royaume, il

le laissa, pour ainsi dire, gouverner à son gré toute le Département de la Marine. Or, le sieur de Gueudreville pouvoit-il manquer d'incliner pour un Corps qui le comptoit du nombre de ses Chefs? Aussi les Officiers d'Administration furent-ils comblés de faveurs, & sans doute Ils n'eurent point à se reprocher de n'avoir pas profité des circonstances.

Ils ne furent pas même les seuls à en retirer avantage. On suppléa, en quelque sorte, à lever tous ceux que les Officiers de Vaisseau paroissoient dédaigner; les Officiers de Port, les Ingénieurs-Constructeurs, virent pareillement leurs honneurs s'accroître; les uns & les autres furent plus intimément liés au Corps de l'Administration, où leur en donna l'uniforme, que ...

Il seroit inutile, au surplus, d'entrer dans les détails d'une constitution maintenant oubliée. Il suffit de remarquer que le Corps des Officiers de Marine fut partagé en huit divisions qui formoient comme autant de régimens; qu'on leur donna pour uniforme la livrée des Villes de chaque Département & de celles qui les avoisinent le plus; qu'en d'ailleurs, suivant le projet qui en avoit été formé, l'on devoit les cantonner dans les Villes intérieures du Royaume comme des troupes d'Infanterie, tandis que les Officiers d'Administration les rempla-

ceroient pour le service des Vaisseaux. Ceux-ci
devoient même, contre leur attente, Commander
des Bâtimens à la mer; tellement que le
sieur de Gueudreville trouva fort mauvais qu'un
Commissaire de Marine se fâchât à la proposition
qu'il lui faisoit, de lui donner le Commandement d'une Frégate.

Ce régime absurde, fruit de l'ignorance &
de l'esprit de parti, ne subsista pas plus long-
temps que le Ministre qui l'avoit adopté. Dès
le mois de Novembre 1774, une Ordonnance
provisoire le supprima & rétablit les choses
dans un état un peu plus supportable pour le
moment.

Il semble que cette funeste expérience auroit
dû engager les esprits à revenir à l'ancien ordre
établi par l'Ordonnance de 1689, ou du moins
à celle de 1765. Mais les Officiers de Vaisseau
songeoient à leur vengeance. Ils vouloient rendre
aux Officiers d'Administration tout le mal qu'ils
en avoient reçu en 1772. Ils y travailloient
efficacement.

A M. de Boynes avoit succédé un Ministre,
pour qui la Marine étoit un pays nouveau &
inconnu. Il ne fut donc pas fort difficile de lui
en imposer, & de lui faire adopter des idées,
qui devoient trouver d'autant plus d'accès dans
son esprit, qu'elles étoient plus opposées à celles

qui avoient paru diriger les opérations de fon
prédéceffeur. Ainfi, on lui perfuada qu'il n'y
avoit rien de plus inutile, & même de plus
funefte à la Marine, que le Corps des Officiers
d'Adminiftration; que la plus infigne corruption
s'étoit gliffée parmi eux; qu'ils diffipoient, ou
plutôt qu'ils détournoient à leur profit les fonds
deftinés à l'entretien des arfenaux & à la conf-
truction des bâtimens; que les claffes étoient
perdues; qu'il n'y avoit plus de Matelots: en
un mot, que tout dépériffoit entre leurs mains;
& que d'ailleurs il n'y avoit aucun Officier de
Vaiffeau qui ne fût auffi en état qu'eux de
furveiller, de diriger les détails dont ils étoient
chargés.

En lui infpirant de la défiance pour les Officiers d'adminiftration, on lui en donna également
pour les Bureaux. On fit plus enfin; on parvint
jufques à mettre auprès de lui un Capitaine de
Vaiffeau, qui, fous le titre de Directeur des
Ports & Arfenaux, devoit tout conduire, tout
gouverner.

Dès-lors, le reffentiment des Officiers de
Vaiffeau ne tarda point d'être fatisfait. Une nouvelle Ordonnance, publiée au mois de Septembre
1776, anéantit prefque le Corps de l'Adminiftration; & ce qui n'ajouta pas peu à leur
triomphe, ils profiterent de tout ce que l'on

ôta à ce Corps, dont ils avoient voulu se
venger.

Il n'est pas difficile de prévoir quel fut le résultat de ce nouvel ordre de choses. S'il faut
en croire le préambule de cette Ordonnance,
les Officiers de Vaisseau, par une suite de la nouvelle forme donnée à leur éducation militaire,
avoient acquis, depuis plusieurs années, la théorie
de l'architecture navale, & les connoissances nécessaires pour bien diriger la construction, le gréement
& équipement des vaisseaux. C'est aussi, ajoute-t-on,
ce qui avoit déterminé Sa Majesté à leur confier
cette direction. La vérité est, néanmoins, que,
depuis 1765, comme auparavant, l'éducation
militaire ne s'étoit pas fort occupée de ces différens objets.

L'Ordonnance de 1772 avoit bien réparti,
dans les détails des Ports, un certain nombre
d'Officiers. Mais ils y étoient, à proprement
parler, sans fonctions; ils n'y étoient qu'à
titre de Surveillans; & comme d'ailleurs, l'on
n'avoit attaché aucune sorte de récompense à
ce travail, ils n'y avoient apporté, ni de zèle,
ni l'exactitude nécessaires pour acquérir de vé-
ritables connoissances sur des objets qui demandent l'attention la plus suivie.

L'on sentit bien aussi que, pour les engager à
s'y appliquer, & à surmonter la répugnance

qui naît du défaut de goût & d'habitude, il falloit leur présenter un appât. On prit, en conséquence, le parti de leur prodiguer l'argent, & d'accorder des supplémens d'appointemens à tous ceux qui seroient employés.

Ce moyen cependant, en augmentant de beaucoup la dépense, ne pouvoit être qu'insuffisant. S'il excitoit le zele, il ne donnoit point les connoissances. S'il faisoit naître le defir d'être employé, il ne rendoit point l'Officier capable de servir utilement. Qu'arrivoit-il donc? Tout alla très-mal dans les Ports; & si l'on y vit encore quelqu'ombre d'ordre & d'activité, on le dut aux Officiers d'Administration que l'on y avoit conservés. En effet, par un reste de prudence, l'on avoit jugé que ces hommes en qui l'on supposoit l'instruction nécessaire pour tout diriger, avoient grand besoin d'être dirigés eux-mêmes par ceux qui étoient véritablement instruits. L'on avoit donc voulu retenir un certain nombre d'Ecrivains & de Commis, & l'on avoit employé pour cela le seul moyen qui pût être efficace. Comme l'on prévoyoit qu'après une Ordonnance qui dénaturoit leurs fonctions & dégradoit leur état, ils auroient tous envie de se retirer; d'un côté, on ne leur avoit accordé qu'une bien modique retraite; de l'autre, on avoit offert à ceux qui consentiroient de rester un traitement assez avantageux.

L'on dira peut-être, ou plûtôt l'on a déjà dit (car les partisans de la constitution de 1776 n'ont point manqué de s'en prévaloir), que, sous ce nouveau régime, nos forces navales furent considérablement augmentées, tellement que bientôt nous couvrîmes les mers de nos escadres. Il est vrai qu'une guerre étant surve-nue, il fallut bien se mettre en état de la sou-tenir, & se hâter par conséquent de construire, de radouber. Mais avant de tirer de-là quelque induction, il faudroit consulter les registres du Trésor royal. Il faudroit examiner si cet accroisse-ment de nos forces fut le fruit de la vigilance & de l'habileté des Officiers de Vaisseau, ou tout simplement le résultat de la plus énorme dépense : car enfin l'on sait bien qu'il n'est rien dont on ne vienne à bout à force d'argent. Or, on peut assurer que très-certainement cet examen ne seroit point à l'avantage du système de 1776.

Les inconvéniens qui en résultèrent pour les vaisseaux & les escadres à la mer, ne furent pas moindres que ceux qui se firent sentir dans les ports. Auparavant, il y avoit à bord de chaque bâtiment, un Officier d'Administration chargé de la garde, de l'inspection, de la distri-bution des apparaux, des vivres, des munitions, en un mot, de tout ce qui concernoit la compta-bilité. Mais ensuite de la nouvelle Ordon-nance, les fonctions de cet Officier furent con-

fiées au Lieutenant en pied, auquel on donna,
pour l'aider, un simple Secretaire gagiste, pris
au hasard & entiérement aux ordres du Maître
qu'il servoit. Dès-lors les Officiers furent délivrés d'un témoin importun, qu'ils n'avoient
jamais vu de bon œil sur leur bord; mais aussi
les équipages & l'Etat s'en trouverent beaucoup
plus mal. Entiérement étrangers à cette partie
du service qui, d'ailleurs, ne leur présentoit
que des détails ennuyeux & fatiguans, les Lieutenans la négligerent, ou même firent pis encore. Ceux-là seuls parurent s'en être acquittés
avec quelqu'exactitude, qui avoient eu pour
Secretaires d'anciens Commis déja accoutumés
à ce genre de travail.

De toutes parts, en un mot, l'on éprouva les
fâcheuses & inévitables conséquences de la réu-
nion de l'épée & de la plume, c'est-à-dire, des
deux choses les plus incompatibles dans une
même main.

Tel est effectivement le caractere du Militaire
François, & c'est peut-être un résultat du caractere national : il paroît bien difficile, ou plutôt
impossible, d'obtenir de lui cette suite d'application, d'attention qu'exigent les détails d'une
administration telle que celle de la Marine. Que
si on l'obtenoit de quelques Officiers, ce seroit
au détriment de l'esprit militaire; ils deviendroient

 deviendroient financiers, & cesseroient d'être soldats. De plus, cette sorte de commandement absolu & despotique, auquel l'Officier est accoutumé, ne convient pas beaucoup pour être à l'administration. Ajoutons enfin que, tant que le service étoit réparti entre deux Corps, il y avoit de l'un à l'autre une surveillance réciproque, d'autant plus attentive, qu'elle étoit sans cesse entretenue par l'animosité; & qu'un seul étant rendu maître de tout, l'Etat ne pouvoir plus ressentir les salutaires effets de cette surveillance.

Quoi qu'il en soit, le désordre devint tel, qu'à la fin de la guerre, tout le monde, & la plupart même des Officiers de Vaisseau, souhaiterent un nouveau régime. Ce désir, de leur party, étoit fondé sur d'assez bonnes raisons. Leur haine pour le Corps des Officiers d'Administration, ayant été satisfaite, s'étoit à la fin refroidie; & dès alors ils n'avoient pas tardé de s'appercevoir que, presque tous les avantages résultans du système actuel, étoient, non pour les Subalternes, mais pour les Commandans. Ceux-ci ayant plus de choses à gouverner, & par conséquent plus de pouvoir, en étoient devenus plus despotes. Bientôt ils étoient arrivés à disposer, à ordonner de tout selon leur caprice; de sorte qu'il n'étoit resté pour les autres qu'un surcroît de travail sans grand profit. Ils durent donc

B

soupirer après un changement, dont même la guerre avoit fait sentir encore plus la nécessité. Comment, d'ailleurs, ce changement n'auroit-il pas eu lieu? la Marine avoit un autre Ministre; & depuis 1765, il sembloit que tout nouveau Ministre devoit introduire un nouveau système.

L'on devoit croire cependant que l'expérience que l'on venoit de faire de trois ou quatre différens régimes dans l'espace de vingt années, auroit produit une multitude de réflexions utiles qui ameneroient enfin une excellente constitution. Sans doute aussi ces réflexions avoient été faites; mais le Ministre ne sut point mettre ce secours à profit. Etranger lui-même à la Marine, au lieu de consulter, au lieu de rassembler de tous côtés des observations, des avis, il donna toute sa confiance à un petit nombre de coopérateurs pris dans la classe des Officiers de Vaisseau, ou dans celle de faiseurs de projets; & ceux-ci travaillèrent dans le plus grand secret, d'après leurs propres & seules idées, peut-être même quelquefois d'après leur intérêt personnel. C'est ainsi que fut faite l'Ordonnance de 1786.

Comme elle forme le régime actuellement subsistant, il importe de l'examiner dans les détails, & c'est ce que je me propose dans cet

Écrit. Mais d'abord il faut faire une obſervation générale.

Cette Ordonnance peut bien moins être appellée de ce nom, que de celui de *Recueil d'un grand nombre d'Ordonnances particulieres.* L'on ne ſait, en effet, par quelle ſinguliere bizarrerie les Rédacteurs, au lieu de former un ſeul tout ſimplement diviſé en Titres ou en Chapitres, ont fait tout autant d'Ordonnances diſtinctes & ſéparées, qu'ils avoient d'objets différens à traiter. D'ailleurs, la multitude d'obſcurités, d'ambiguités, d'omiſſions, d'imperfections de toute eſpece qui ſe rencontroient dans le premier travail, a néceſſité par la ſuite une multitude pareille d'explications, d'additions, de corrections, de réglemens particuliers; d'où il eſt arrivé que le Recueil entier de ce qui forme la conſtitution actuelle de notre Marine, préſente une maſſe véritablement effrayante par ſon volume, & plus encore par la difficulté que l'on a d'en ordonner toutes les parties de maniere à les claſſer convenablement dans l'eſprit.

Il eſt difficile, ſans doute, de ſe perſuader qu'un tel ouvrage ait été fait ſur un plan bien réfléchi, bien arrêté, ſur un plan ſimple, clair, & tel, par exemple, que celui de l'Ordonnance en 1689. Il s'en faut bien auſſi que ce plan s'y faſſe remarquer. Toutes les piéces en ſont difjointes, incohérentes ; de forte qu'au lieu de voir une machine fimple & unique, l'on en voit plufieurs fabriquées, fi l'on peut parler ainfi, par différens ouvriers, qui ne fe communiquoient point leurs idées, & dont chacun avoit un but différent.

De là s'enfuit que la critique elle-même ne peut pas préfenter des obfervations bien liées, bien fuivies ; car enfin peut-on prendre autrement que par les détails, un ouvrage, qui ne contient que des détails ? Ces remarques cependant n'en feront pas moins utiles, fi elles font juftes. Elles n'offriront point un fyftême complet de conftitution, mais elles pourront aider à prévenir quelques erreurs dans celle que, fans doute, on fe propofe de former en ce moment.

CHAPITRE II.

Des Officiers de la Marine.

L'ORDONNANCE de 1772 avoit partagé, ainfi que je l'ai déja dit, les Officiers de Marine en huit Divifions ou Régimens, dont les uniformes avoient pour marques diftinctives les livrées de certaines villes principales. Cette idée a été fuivie dans l'Ordonnance de 1786, (1) car il

(1) Ordonnance pour divifer les forces navales en neuf Efcadres, art. 1 & fuivants.

n'eſt pas toujours donné d'inventer. Mais comme
une imitation trop ſervile n'auroit point ſatisfait
l'amour propre, on s'eſt efforcé d'imaginer au-
moins quelques différences. Ainſi, au lieu de huit
diviſions, on en a formé neuf auxquelles on a
donné le nom d'eſcadres ; & dont chacune a été
partagée enſuite en trois parties que l'on a ap-
pellées Diviſions. Ainſi, au lieu d'enrégimenter
les Officiers, on a plus particuliérement enrégi-
menté les Vaiſſeaux. Ainſi, à ces livrées qui ſur-
chargeoient ridiculement les habits, on a ſubſtitué
des barlolages de couleurs qui ne ſont gueres
moins biſarres.

Quelle eſt cependant l'utilité de ces Diviſions
& Subdiviſions ? C'eſt ce que l'on a bien de la
peine à découvrir ; il eſt ſeulement aſſez clair
qu'en formant ainſi pluſieurs corps dans un ſeul,
en multipliant les Chefs & les pouvoirs, on n'a
fait qu'embarraſſer davantage la marche du ſervice, & rendre en même temps la ſubordination
plus pénible ; car il eſt d'autant plus difficile
d'obéir, qu'il y a plus de Supérieurs qui commandent. Il paroît auſſi que l'on n'eſt point arrivé
au but que vraiſemblablement l'on ſe propoſoit,
c'eſt-à-dire, à une ſubordination plus exacte.
Les Officiers inférieurs ont été plutôt vexés que
mieux gouvernés par ce nouveau régime ; & de

Mais il s'en est ensuivi un dégoût général vraiment nuisible au bien du service.

Cet inconvénient n'est pas le seul. En formant ces nouvelles Escadres, on a cru qu'il étoit nécessaire de donner à chacune un État Major, auquel il a fallu assigner un traitement particulier. L'on a donc augmenté encore la dépense, dans un temps où il auroit convenu d'épuiser tous les moyens possibles de la restreindre.

Il est pareillement très-difficile de comprendre quel avantage pouvoit résulter de la création d'un nouveau grade, celui de Major (2). Les fonctions attribuées à cet Officier sont précisément les mêmes qui étoient remplies par le Lieutenant en pied ; de sorte que l'on ne voit là qu'une nouvelle dénomination fort inutilement imaginée.

Il y a plus ; des dispositions particulières la rendent pernicieuse. Elles portent, en effet, que les Majors de vaisseau, qui ne seront pas pourvus de Commandement, ne pourront être employés que sur les Vaisseaux de ligne, & qu'il ne sera destiné qu'un Major pour chaque vaisseau (1).

____

(1) Ordonnance portant suppression des grades, &c. art. 2.

(2) *Ibid.* Ordonnance concernant les Officiers de la Marine, ti. 6. art. 1. & suivant

Mais d'après cela, il n'y aura certainement en temps de paix qu'un bien petit nombre de Majors qui puissent aller à la mer. Que feront donc les autres ? Ils demeureront perpétuellement oisifs, & ils oublieront leur métier dans les ports.

Heureusement, ces dispositions n'ont pas été jusqu'à présent observées bien à la lettre ; car, sans chercher d'autres exemples, dans l'Escadre d'évolutions qui tint la mer une partie de l'année 1787, l'on avoit embarqué plusieurs Majors sur des Frégates portant du 12, & même sur des Corvettes. Mais cette inobservation démontre toujours plus le vice de l'Ordonnance en ce point, & prouve que le Ministre lui-même l'avoit reconnu. Sans cela auroit-il si-tôt dérogé à la loi qu'il venoit de porter ? Chacun sait, au surplus, que ces sortes de dérogations sont de la plus dangereuse conséquence.

Ajoutons que, suivant l'Ordonnance, ces Majors ont rang de Lieutenans-Colonels (1), de sorte qu'en cas de concurrence de service, non-seulement ils ont le pas sur les Majors d'infanterie, & même sur tous les Lieutenants-Colonels moins anciens qu'eux, mais encore ils doivent les commander. Mais d'un autre côté,

______

(1) *Ibid.* tit. 4. art. 6.

le grade de Major peut être accordé, comme il l'a été effectivement, à de très-jeunes Officiers de Marine. Il se trouve donc que des jeunes gens de vingt-cinq ans peuvent être & ont été dans le cas de commander de vieux Officiers qui comptent vingt & trente ans de service. N'est-ce pas un renversement de l'ordre naturel des choses, & peut-on espérer que ces anciens Militaires obéiront volontiers & serviront avec zele sous de tels commendants ?

L'Ordonnance fixe à cent (1), pour le moment même, le nombre de Capitaines de Vaisseau. Nous verrons dans la suite si on ne pouvoit pas mieux faire ; je ne veux présenter ici qu'une remarque particuliere.

Dans le temps que l'Ordonnance fut rédigée & publiée, il y avoit beaucoup plus de cent Capitaines de Vaisseau. Si on vouloit donc les réduire à ce nombre, il n'y avoit, ce semble, qu'un seul parti à prendre. C'étoit d'ordonner qu'il ne seroit fait aucune nouvelle promotion, jusqu'à ce que, ou par les morts, ou par les retraites, ils fussent effectivement réduits à cent, & que dorénavant on n'en créeroit pas davantage. Il étoit même de toute justice de s'y prendre de cette maniere ; car enfin pouvoit-on priver

____

(1) Ibid. tit. 1, art. 6.

dès ce moment même plusieurs anciens Officiers de leur état?

Mais le Ministre étoit pressé de voir exécuter son idée, & d'ailleurs il vouloit absolument se défaire d'un certain nombre de Capitaines de Vaisseau. En conséquence que fit-il? Sur le nombre total, il choisit les cent qu'il vouloit conserver, & quant aux autres, ou il s'en débarrassa en leur offrant des retraites très-avantageuses, (1) ou il les employa dans des places dont nous démontrerons toute l'inutilité, ou enfin il les laissa sans fonctions & avec les seuls appointemens qui leur étoient attribués par les

____

(1) Plusieurs de ces retraites furent tellement excessives, qu'elles surpassèrent même le montant entier des appointemens dont les Officiers jouissoient. Vraisemblablement le Ministre eût été moins libéral, si, comme autrefois, les retraites avoient été prises sur les fonds qui lui étoient délivrés pour son département, & dont la disposition lui étoit confiée. Mais alors, par un nouveau systême qui subsiste encore, les fonds ne sortoient point du Trésor-Royal qui payoit tout. En conséquence, pour accorder une retraite quelconque, le Ministre n'avoit qu'à donner un mandat sur un département qui lui étoit étranger; & l'on sent que dès-lors il devoit être bien moins économe. Je ne prétends point blâmer le nouvel ordre établi pour ce qui concerne les fonds destinés à chaque département; j'observe seulement qu'il auroit fallu prévenir les abus par des regles précises, & exactement observées.

anciennes Ordonnances. De-là que s'est-il ensuivi ? c'est qu'il est resté dans la Marine un
certain nombre d'Officiers dont l'Etat ne peut
être défini, & pour lesquels il a fallu imaginer
une dénomination assez étrange dans le service,
celle de *Capitaines non en activité.*

Je ne prétends point examiner, au surplus, si le
Ministre avoit tort ou raison de vouloir se délivrer de ces Officiers, & si la faveur ou la
prévention n'eurent aucune influence sur le
choix de ceux qu'il trouva bon d'employer, &
de ceux au contraire qu'il lui plut de condamner
à l'oisiveté. Mais je ne puis m'empêcher de faire
à ce sujet une remarque qui me paroît assez importante.

Depuis long-temps, ceux qui commandent à
la mer, soit une escadre, soit un simple bâtiment,
sont en possession d'envoyer au Ministre, à la
fin de la campagne, une liste des Officiers qui
ont servi sous leurs ordres, avec des apostilles
secretes d'éloge ou de blâme. Or, il est facile
de comprendre à combien d'injustices cet usage
peut donner lieu.

Les Commandans sont des hommes & même
d'autant plus faillibles, qu'ils ont plus de pouvoir. Qui peut donc répondre que ces notes
secretes ne seront pas plutôt dictées par les passions, que par l'exacte équité ? N'est-il pas à

craindre que l'éloge ne soit pour les Officiers qui auront fait le mieux, c'est-à-dire, le plus bassement leur cour, & le blâme au contraire pour les hommes de mérite qui se seront contentés de remplir leur devoir? D'ailleurs, sur un Vaisseau, sur cet espace si resserré, où les relations sont si multipliées, où l'on se rencontre, l'on se heurte, pour ainsi dire, à chaque instant, mille incidens peuvent faire naître les petites querelles, les petites haines de société, & n'influeront-elles jamais sur les notes du Commandant? De tous temps aussi ces notes furent la source des injustices les plus criantes; on pourroit en donner cent & cent exemples (1).

____

(1) Je n'en citerai qu'un seul. Sous le Ministère de M. de Maurepas, un Officier oublié dans une promotion parvint, (ce qui n'est pas toujours facile), à pouvoir demander la raison de cet oubli. D'abord on fit difficulté de lui répondre; mais enfin, on lui dit qu'un homme sujet au plus bas de tous les défauts, à l'ivrognerie, ne méritoit pas d'être avancé. Qu'arriva-t-il? Information prise, il fut reconnu que cet Officier n'avoit jamais bû que de l'eau.

C'est pourtant de ces rapports & d'autres instructions tout aussi suspectes, que se formoit dans les bureaux cet ample recueil de notes, sur le compte de tous les Officiers. Ce recueil étoit fort peu connu des Ministres : mais les Commis savoient très-bien s'en servir, soit pour favoriser ceux qui avoient sçu gagner leur suffrage, soit pour nuire à ceux qui avoient négligé ou qui n'avoient pas eu l'art d'obtenir leur protection.

Sans doute il est nécessaire que le Ministre soit instruit des talens, & des défauts, des vertus & des vices des Officiers de son département. Mais il faut qu'il le soit autrement que par des délations secretes, & par conséquent toujours suspectes. Il faut qu'il le soit de telle maniere, que l'Officier, dont on se plaint, sache toujours de quoi on l'accuse, & qu'il soit à portée de se justifier. Voici donc ce que je proposerois.

Je voudrois, qu'au retour de la campagne, le Commandant fût tenu de joindre sa liste & ses notes aux comptes qu'il doit rendre au Conseil de Marine du Département. Là, ce Conseil prendroit les informations nécessaires; il interrogeroit quelques Officiers de l'équipage; il entendroit même dans certains cas l'Officier mal noté; & ainsi l'on n'enverroit aux Bureaux du Ministére que des instructions bien exactes. Il conviendroit de plus, quand il s'agiroit de quelques fautes particulieres, que le coupable fût aussitôt puni. Cela donneroit un exemple utile, & l'on ne verroit plus un Officier porter, au bout de plusieurs années, la peine d'une faute oubliée, & par ses camarades, & par lui-même.

Après avoir fixé le nombre des Capitaines, l'Ordonnance auroit bien dû fixer aussi celui des Officiers-Généraux. Cette fixation étoit d'autant plus nécessaire que, vu les appointemens dont ils

jouiſſent, leur multiplication devient très-oné-
reuſe à l'Etat, & que d'ailleurs la faveur tend
toujours à les multiplier. Jugeons-en par ce que
nous voyons. En 1765, il y avoit 8 Lieutenans
Généraux, & maintenant on en compte 17. Il
y avoit 17 Chefs d'eſcadre, & aujourd'hui il s'en
trouve 41. Il n'étoit pas impoſſible, au ſurplus,
de déterminer le nombre des uns & des autres;
il devoit être réglé ſur le beſoin, & ce beſoin
pouvoit être aiſément calculé.

Ce qui n'eût pas été moins important encore,
c'eût été de trouver les moyens d'employer, en
temps de paix, ces mêmes Officiers dont la plupart languiſſent perpétuellement dans la plus
inutile oiſiveté, & pour cela voici, entr'autres
choſes, ce qu'il me ſemble qu'on auroit pu faire.

Premièrement, au lieu de faire commander
les eſcadres qui forment la première diviſion de
nos forces navales, indifféremment ſoit par des
Chefs d'eſcadres, ſoit par de ſimples Capitaines
de vaiſſeau préférés aux autres, on ne ſait pourquoi, l'on auroit pu ordonner qu'elles ſeroient
toujours commandées par les Chefs d'Eſcadres
qui, à tour de rôle, ſe ſeroient ſuccédés de deux
en deux ans, ou de trois en trois.

Secondement, au lieu encore de donner à vie,
ou pour un temps illimité, les Commandemens
des Départemens & les Directions des ports &

arſenaux, n'auroit-on pas pu établir également
que les Officiers généraux rempliroient ces places
à tour de rôle pendant un temps déterminé ? Ces
regles auroient été auſſi juſtes qu'utiles : car,
enfin, que l'on conſidere ces places, ſoit comme
des charges, ſoit comme des faveurs, il eſt juſte
qu'elles ſoient partagées par tous ceux pour qui
elles ſont faites.

Mais de pareilles regles n'entrent pas aiſément
dans les ſyſtêmes des Miniſtres : car elles mettent
des entraves à leur deſpotiſme, & leur enlevent
les moyens de ſe faire des créatures. Ils ne les
adoptent guere que quand ils ne peuvent pas
faire autrement ; & lors même qu'ils les ont
établies, ils les violent plus d'une fois. C'eſt
ainſi que, quoiqu'ait pu dire l'Ordonnance ſur
les Commandemens à la mer, ils n'ont pas laiſſé
d'être accordés, tout comme auparavant, à la
faveur. Pour les obtenir, il a fallu venir à
Verſailles, ſolliciter, faire ſa cour aux Miniſtres
& aux Bureaux.

C'eſt ce qui fait auſſi que les regles même que
l'on a poſées pour l'avancement des Officiers,
produiſent des injuſtices. Par une diſpoſition
de l'Ordonnance il eſt dit que les Majors ne
pourront être promus au grade de Capitaine,
qu'ils n'ayent commandé un Bâtiment de Sa

Majesté (1). Mais, combien n'y a-t-il pas de Majors qui, faute de pouvoir venir solliciter, n'obtiendront jamais de commandement? Pour que cette regle fût sans inconvénient, il auroit fallu assurer à tous les Majors le moyen de commander à leur tour.

L'arbitraire plaît tellement, qu'on s'efforce toujours de lui ménager au moins quelque porte. Ainsi, malgré la regle générale qui soumet tous les Officiers à passer successivement par tous les grades, on n'a pas laissé de donner aux Lieutenans la possibilité de parvenir au rang de Capitaine, en franchissant celui de Major (2). Le Ministre a donc sçu se conserver la faculté d'accorder des préférences, & l'on laisse à juger si elles seront obtenues par le mérite.

Faisons encore une remarque au sujet de l'avancement. L'Ordonnance (3) ouvre la porte de tous les grades aux Sous-Lieutenans de Vaisseaux, nouvelle classe d'Officiers qu'elle a créés; & pour les admettre d'abord à celui de Lieutenant, elle exige seulement qu'ils fassent présenter aux Conseils de Marine un état certifié de leurs services & actions, avec des certificats de bonne

____

(1) *Ibid.* tit. 7. art. 4.

(2) *Ibid.* art. 3.

(3) Ordonnance concernant les Officiers de Marine, tit. 6. art. 6 & 7.

conduite. C'est sur ces preuves que le Ministre
jugera s'ils ont mérité d'être promus. Comme
on le voit, c'est encore ici une nouvelle matiere
entiérement sujette à l'arbitraire; mais ce n'est
pas tout. Ces Officiers devenus Lieutenans, &
passant successivement aux grades supérieurs peuvent être dans le cas de commander toute sorte
de Bâtimens. Il semble donc qu'il ne suffisoit
point de constater leurs services, leurs actions,
leur bonne conduite, & qu'il falloit prendre
encore la précaution de s'assurer s'ils avoient les
connoissances qu'exigent les Commandemens qui
peuvent leur être confiés, connoissances dont
les services, les actions ne peuvent point tenir
lieu.

Cela paroît d'autant plus nécessaire, que,
d'ailleurs, en créant ce nouveau grade de Sous-
Lieutenant, l'Ordonnance n'a point déterminé
de quelle maniere on pourroit y parvenir, &
que, dans le fait, il a été accordé à une multitude de gens de tout âge, de tout état, de toute
condition, sans aucun examen préalable, sans
autre titre que celui de la faveur.

Ajoutons, enfin, que l'Ordonnance (1) accorde
aux Officiers de compter une année de navigation pour deux, en temps de guerre, & pour

----

(1) *Ibid* tit. 6 part. 8.

dix-huit mois en temps de paix. Cette derniere disposition n'est-elle pas trop favorable? La navigation, en temps de paix, est le service ordinaire des Officiers de la Marine; pourquoi donc y attacher une grace particuliere?

Les dispositions qui concernent les appointe-mens méritent, sur-tout dans les circonstances actuelles, d'être examinées avec attention. Aug-mentés par l'Ordonnance de 1765, ils l'ont été encore par celles qui sont venues après; de sorte qu'à cet égard il y a, entre la dépense d'autre-fois & celle d'aujourd'hui, une différence très-considérable. Sans doute l'accroissement pro-gressif du prix de toutes les marchandises né-cessitoit celui des appointemens. Mais l'un devoit être la regle de l'autre, & il ne falloit point aller au-delà.

Indépendamment de cette observation géné-rale, il y en a d'autres particulieres à faire.

Avant l'Ordonnance de 1786, le Capitaine, ou tout autre Officier commandant un Bâtiment à la mer, étoit chargé de nourrir son Eta-Major, à raison de quoi, outre son traitement particulier, il recevoit cinquante sols par jour pour chaque Officier. Cet ancien usage, qui pouvoit être & qui étoit souvent, en effet, une source de querelles entre les Officiers & leur Capitaine, a été sagement abrogé. Il est cependant fâcheux que cette abrogation ait été rendue très-onéreuse à l'État.

Puisque, suivant le nouvel ordre de choses, le Capitaine n'étoit plus tenu de nourrir les Officiers, il n'avoit plus besoin d'un aussi grand état de maison. Il semble donc qu'au lieu d'ajouter à son traitement particulier, déja assez considérable, on auroit pu non-seulement le laisser tel qu'il étoit, mais même le diminuer. Qu'a fait néanmoins l'Ordonnance ? Elle l'a fortement augmenté ; & voici quel est aujourd'hui ce traitement (1).

1°. Le Capitaine, commandant en chef une Escadre de six Bâtimens de guerre, Vaisseaux ou Frégates, a par jour, pour traitement, ... 70^{lt}

Ce qui fait, pour une année de navigation, 25,550 livres.

2°. Le Capitaine, commandant une division de trois Bâtimens, ... 50

Ce qui fait, pour l'année, 18,250 liv.

3°. Le Capitaine, commandant un Vaisseau de ligne, ... 45

Ce qui fait, pour l'année, 16,425 liv.

4°. Le Capitaine de Vaisseau, comman-

____

(1) Règlement sur le traitement des Officiers à la Mer.

dant une Frégate ou autre Bâtiment, s'il a
un Major (car l'Ordonnance lui a imposé
l'obligation de le nourrir). ··········· 40

Ce qui fait, pour l'année, 14600 liv.

5°. Et s'il n'a point de Major, ········ 34

Ce qui fait, pour l'année, 12,410 liv.

Tout cela, indépendamment des appointemens
ordinaires attachés au grade, lesquels continuent
de courir.

D'ailleurs, l'Ordonnance a aussi proportion-
nellement augmenté le traitement des Officiers
supérieurs, de sorte que, par exemple, celui
d'un Chef d'Escadre se monte, pour l'année,
à 36,500 livres.

Enfin, celui des Officiers subalternes a été
porté à trois livres en-deça du Tropique, & à
trois livres dix sols au-delà, non compris une
ration qui doit leur être délivrée, ou en nature,
ou en especes, & que l'Ordonnance évalue à
treize sols.

L'on peut dire aussi que ces augmentations
ont paru extraordinaires à ceux mêmes qui en
profitent.

On doit remarquer, au surplus, que, suivant l'Ordonnance (1), les traitemens commencent à être payés du jour que le Vaisseau va en

____

(1) *Ibid.* art. 8.

rade. Or de-là qu'arrive-t-il ? Pour l'ordinaire, le Vaisseau va en rade bien long-temps avant qu'il foit véritablement prêt à partir ; & souvent auffi il y est retenu pour plusieurs mois, par l'attente des derniers ordres. Cependant le Capitaine & prefque tous les Officiers continuent de vivre à terre, & de recevoir ainfi, en pur bénéfice, le traitement qui leur eft accordé. Cet abus auroit été prévenu, en ordonnant que les traitemens ne commenceroient d'être payés que quatre jours avant de mettre à la voile.

Un autre abus, non moins important à remarquer, eft celui qui concerne les fupplémens d'appointemens. Loin d'être prévenu par les Ordonnances, elles l'ont elles-mêmes introduit. Cet abus confifte en ce que l'Officier-Commandant qui, pour raifon de quelqu'emploi dans le port, y jouiffoit d'un fupplément d'appointemens, conferve, s'il va à la mer, ce même fupplément, tout comme s'il continuoit de remplir fon emploi. Ainfi donc il a, dans ce cas, trois fortes de payes. 1°. Ses appointemens ordinaires : 2°. le fupplément : 3°. le traitement particulier qui lui eft accordé : ce qui eft d'autant plus onéreux à l'Etat, que, d'un autre côté, il faut remplacer dans le port cet Officier, & accorder pareillement un fupplément à celui qui le remplace.

Ce n'eft point, à la vérité, l'Ordonnance de

1786 qui a introduit cet abus : on le doit à celle
de 1765 (1) : mais elle ne l'a point corrigé.

Elle a plus fait ; elle en a ajouté de nouveaux.
Les Officiers Généraux, commandant dans les
ports de Brest, Toulon & Rochefort, jouiffent
d'un fupplément de 6000 livres ; ce qui joint à
leurs appointemens ordinaires, aux 12,900 l. qui
leur font accordées pour la repréfentation, & à
3000 liv. attribuées pour frais de Bureau, forme,
en total, un traitement de 33,000 livres (2), s'ils
font Lieutenans Généraux ; & de 27,000 livres,
s'ils ne font que Chefs d'Efcadres. Or, fuivant
une difpofition précife, les Commandans étant
abfens du port, n'en confervent pas moins la
jouiffance de leur fupplément.

Pareillement, les Commandans des ports de
l'Orient & de Marfeille ont un fupplément ;
le premier de 9000 livres, le fecond de 6000
livres, & la moitié leur en eft réfervée en cas
d'abfence.

Quant aux autres Officiers, l'Ordonnance dé-
clare (3), que lorfqu'ils feront abfens, en con-
féquence des congés qui leur auront été expé-
diés, il ne pourront prétendre ni appointemens

---

(1) *Voyez* Ordonnance de 1765. tit. 57, art. 741.

(2) Ordonnance pour régler les appointemens. &c.
tit. 1. art. 2. & fuivans.

(3) *Ibid.* art. 20.

ni supplémens pour le tems de leur absence : mais aussi-tôt elle ajoute : « à moins que sa Majesté ne juge à propos de leur en accorder le » rappel par un ordre particulier, lorsqu'ils » seront de retour au Département ». Or, a-t-on besoin de dire que ce correctif rend la loi inutile pour tous ceux qui ont quelque crédit, & qui savent faire leur cour ?

On trouve même des supplémens conservés, du moins en partie, pour des fonctions qui ne peuvent plus avoir lieu. Ainsi, le Corps-Royal de la Marine ayant été supprimé, on n'a pas laissé d'accorder encore aux Lieutenans de Vaisseaux, qui précédemment occupoient les places de Capitaines dans ce Corps, la moitié du supplément dont ils jouissoient en cette qualité (1) : & il en a été de même des anciens Officiers des Compagnies supprimées des Gardes de la Marine, & des Gardes du Pavillon (2).

C'est par ces dispositions, & par plusieurs autres semblables, que la nouvelle Ordonnance a beaucoup augmenté la dépense du Département de la Marine. Elle a d'ailleurs occasionné des dépenses momentanées assez considérables, que l'on

____

(1) Ordonnance concernant les Officiers de la Marine, chargé aux Officiers. L'on n'a pas requis réa

(2) Ordonnance qui supprime les Compagnies de Gardes de la Marine, &c. art. 7.

auroit pu éviter, ou du moins mettre à profit.

Par exemple, l'on a affez fagement penfé à faire fervir les Officiers fucceffivement dans les trois Départemens. L'on a cru, & avec raifon, que par-là on remédieroit à cet efprit de Département qui, plus d'une fois, a contrarié le bien du fervice. Mais, pour exécuter cette idée, on n'a fçu faire autre chofe que donner ordre aux Officiers de fe rendre d'un port à l'autre, & leur payer pour cela des conduites, dont la multiplicité a dû former un objet important. Il me femble que l'on auroit pu prendre un parti moins coûteux, & dont il feroit réfulté quelqu'avantage. Deux ou trois Frégates, parties de Breft, auroient pu porter à Toulon les Officiers qu'on vouloit y envoyer ; & rapporter de même ceux qu'on vouloit faire venir de Toulon à Breft ; outre la moindre dépenfe, les Officiers auroient eu une occafion de plus pour s'inftruire & s'exercer.

L'Ordonnance n'a pas non plus fort économifé pour la bourfe des particuliers. Depuis long-temps on a remarqué que les uniformes de la Marine étoient trop riches, trop coûteux, & que cette oftentation, fort inutile pour l'Etat, étoit très à charge aux Officiers. L'on n'a pas remédié néanmoins à cet inconvénient. Bien au contraire, l'Ordonnance a donné un nouvel uniforme, & elle l'a rendu plus cher, en substituant des broderies aux galons.

Terminons, enfin, ce que nous avons à dire concernant les Officiers de la Marine, par une remarque qui peut-être paroîtra d'abord minutieuse, mais qui ne sera point jugée telle par ceux qui connoissent les travaux des Ports & des Arsenaux.

Autrefois les montres & revues se faisoient chez l'Intendant. Mais les Officiers de Marine, voyant avec peine tout ce qui pouvoit être prérogative pour les Officiers d'Administration, ont fait changer cet usage; &, selon l'Ordonnance, les revues doivent se passer à bord du Vaisseau Amiral. De-là, que résulte-t-il ? C'est que, dans les Ports où ce Vaisseau est isolé, il faut enlever aux travaux de l'Arsenal une multitude de Matelots ou d'Ouvriers pour le service des Canots & Chaloupes destinés à transporter tous ceux (& ils sont en grand nombre) qui doivent passer en revue ; c'est, de deux en deux mois, une demi-journée perdue pour plus de cent Ouvriers. N'eût-il pas été plus simple de choisir, pour cet objet, ou les Salles des Gardes de la Marine, ou quelqu'autre partie de l'Arsenal ?

CHAPITRE II.

Des Elèves de la Marine.

IL y a peu d'objets plus importans que celui de l'éducation de la Jeuneſſe deſtinée à ſervir dans la Marine. Il paroît auſſi que l'on s'en eſt occupé pluſieurs fois. Mais, malheureuſement, aucun des Réglemens qui ont été faits à ce ſujet, n'a atteint ce dégré de perfection que l'on deſiroit, &, d'ailleurs, ils ont été preſque toujours exécutés avec tant de négligence, que les ſages diſpoſitions qu'ils pouvoient contenir devenoient bientôt inutiles.

Enfin, l'Ordonnance de 1786 a établi de nouvelles regles. Sont-elles plus propres à former d'excellens Officiers? C'eſt ce qu'il s'agit maintenant d'examiner. Je ne me propoſe pas néanmoins d'épuiſer ici cette grande & importante matiere : je me borne encore à quelques obſervations.

Les jeunes gens deſtinés à ce genre de ſervice, & admis, ſi l'on peut parler ainſi, à faire leur noviciat, portoient autrefois le nom de Gardes de la Marine ou de Gardes du Pavillon, & ils étoient formés en Compagnies. L'Ordonnance a

d'abord abrogé cette dénomination & y a subſti-
tué, celles d'Eleves de troiſieme, deuxieme &
premiere claſſe (1). L'on pourroit dire que cette
innovation étoit aſſez inutile; car, enfin, pourquoi changer les noms, quand les choſes ſont
toujours à peu près les mêmes? Mais c'eſt-là un
article trop indifférent pour s'y arrêter.

Il n'en eſt pas tout-à-fait de même du parti
que l'on a pris de ſupprimer les Compagnies.
Cela tient eſſentiellement à l'ordre, à la police
qui doivent gouverner les jeunes gens, & nous
verrons tout à l'heure ſi, dans le nouveau ſyſtême, ils peuvent être plus ſurveillés, mieux
contenus.

Quoi qu'il en ſoit, l'Ordonnance fait commencer leur éducation dans les Colleges; & à
cet effet, il eſt dit : « qu'il ſera aſſigné des
» Colleges à portée des principaux Ports du
» Royaume, dans leſquels il ſera accordé des
» places à un certain nombre de jeunes gens
» qui auront obtenu d'être inſcrits pour le
» ſervice de la Marine ». L'on ajoute que le Roi
paiera leurs penſions, & qu'il entretiendra des
Maîtres ou Profeſſeurs pour les inſtruire

---

(1) Ordonnance qui ſupprime les Compagnies des
Gardes de la Marine & du Pavillon, &c. art. I. &
ſuivant.

Au premier coup d'œil, l'on eſt tenté de louer
ces diſpoſitions. Elles offrent à des parens pauvres
le moyen de donner l'éducation à leurs enfans ;
& , d'ailleurs, il paroît beau que l'Etat faſſe
élever lui-même les Sujets qui ſe deſtinent à le
défendre. Mais la réflexion arrête bientôt ce
premier mouvement.

L'expérience a déja fait voir pluſieurs fois que
les établiſſemens formés & entretenus par le Roi,
pour l'inſtruction de la jeuneſſe, n'avoient guere
qu'une utilité apparente. L'avantage que l'Etat
en retire, & les ſecours que les Particuliers en
reçoivent, ſont infiniment au-deſſous de la dépenſe qu'ils occaſionnent.

Ces établiſſemens pouvoient être néceſſaires
dans le temps que les moyens d'inſtruction étoient
encore rares. Mais, aujourd'hui, l'on trouve par-
tout des Colleges, des Ecoles, des Profeſſeurs,
des Maîtres de toute eſpece. On voit même que
les Mathématiques, cette Science ſi peu commune
autrefois, & qui eſt particuliérement néceſſaire
aux Officiers de Marine, ſont regardées maintenant comme une partie eſſentielle de l'éducation de tous les jeunes gens : on les montre
dans toutes les Ecoles.

Du reſte, pour ce qui eſt des parens pauvres,
il n'eſt pas difficile de leur procurer d'autres
ſecours tout auſſi utiles pour eux, & moins oné-

reux pour l'État. Il faut d'ailleurs considérer que le service de la Marine paroît exiger que ceux qui s'y destinent, tiennent à des familles qui jouissent d'une certaine aisance. L'Ordonnance a même voulu (1) que les parens de ceux que l'on y admet s'engagent par écrit & d'honneur à leur fournir annuellement une pension de six cens livres. L'on doit présumer par conséquent que ces parens sont tous en état de leur donner au moins cette premiere éducation qu'ils doivent recevoir dans les Colleges.

Il paroît donc que l'Ordonnance n'a fait en cela que donner lieu à un surcroît de dépense assez inutile. Qu'elle eut déterminé seulement le genre & le nombre de connoissances qu'elle prétendoit exiger de ceux qui demanderoient d'être admis dans la Marine : certainement il se seroit toujours présenté autant de sujets capables qu'on pouvoit en desirer.

Cependant, puisque l'on vouloit avoir des Ecoles gratuites, entretenues par l'Etat & spécialement destinées à la Marine, on devoit penser au moins à les rendre aussi utiles qu'il se pouvoit ; & pour cela il falloit sans doute avoir d'abord l'attention de les établir sur les bords de la mer. Là, les jeunes Eleves auroient

____

(1) *Ibid.* art. 2.

pu commencer de se familiariser avec l'élément
qu'ils devoient dans la suite habiter. Là , leur
corps se feroit accoutumé de bonne heure à en
supporter le mouvement. Là , ils auroient déja
acquis , pour ainsi dire en se jouant , les connoissances que peut donner la fréquente vue des
objets. Que si des raisons d'économie empê-
choient de choisir les Villes où sont les grands
Ports , on pouvoit aisément en trouver d'autres.
Mais au lieu de cela , l'Ordonnance se borne à
dire que les Colleges assignés seront à portée
des principaux Ports du Royaume , & dans le
fait un des deux Colleges que l'on assigne , est
celui d'Alais dans les Cevenes.
Je ne dirai rien , au surplus , de la disposition
suivant laquelle les jeunes gens ne peuvent être
admis dans ces Colleges qu'après avoir fait les
preuves de noblesse exigées pour le service Militaire. Les grandes maximes déja consacrées par
l'Assemblée Nationale ont rendu inutiles toutes
les réflexions que l'on pourroit faire à ce sujet.
Continuons de suivre le plan d'éducation proposé par l'Ordonnance.

Les jeunes gens élevés dans les Colleges dé-
terminés seront examinés tous les ans , & ceux
qui , avant l'âge de 15 ans , auront répondu d'une
maniere satisfaisante sur la partie du Cours qui

fera exigée de rigueur (1) seront envoyés dans les Ports, & admis en qualité d'Eleves de la troisieme classe (2). Répartis en nombre à peu près égal dans les Escadres, ils seront sous la police immédiate des majors. Enfin, aussi-tôt après leur arrivée, ils seront embarqués sur une Corvette où le Maître d'Equipage, le Maître Pilote, le Maître Canonnier auxquels ils seront subordonnés les instruiront dans les premiers détails de pratique; & ensuite, après quatre mois de service sur la Corvette, ils seront embarqués encore sur les premiers Bâtimens qui seront armés.

Il y auroit là-dessus bien des remarques à faire; je m'arrête à quelques-unes.

D'abord, ces jeunes gens aussi-tôt embarqués ne continueront plus leurs études élémentaires de théorie, & comme à cet âge les connoissances qu'ils auront acquises dans les Collèges n'auront pas pu se graver encore bien profondément dans leur esprit; comme elles ne feront, si l'on peut parler ainsi, qu'à la surface, ne feront-elles pas entièrement effacées en peu de temps? N'est-il pas même à craindre que cette inter-

____

(1) L'Ordonnance ne détermine point quelle est la partie du Cours que l'on exigera rigoureusement.

(2) Ibid. art. 4, & suiv.

(47)

ruption leur faffe perdre la précieufe habitude
de l'application ; de forte qu'après, ils ne pourront fe remettre que bien difficilement à un
travail qui en demande beaucoup, & qui communément a peu d'attraits pour des jeunes gens.

De plus, pourquoi vouloir les inftruire dans
les premiers détails de pratique, avant de leur
donner les premieres notions de théorie ? Celles-
ci ne devroient-elles pas précéder, ou plutôt
n'auroit-il pas convenu de faire marcher en-
femble & la théorie & la pratique, de maniere
que l'une fût toujours éclairée & démontrée
par l'autre ?

C'eft ce qu'on auroit pu faire, ce femble, en
ordonnant qu'à leur arrivée dans le Port, ces
Eleves entreroient auffi-tôt dans les Ecoles ; que
là, on commenceroit à leur donner fucceffivement les principes de navigation, de manœuvre,
d'artillerie, &c. & qu'on leur en montreroit à
fur & à mefure l'application, en les menant fur
la Corvette ou fur tout autre Bâtiment. C'eft
lorfqu'ils auroient fait ainfi quelques progrès
dans ces différentes parties de leur métier, qu'on
les auroit fait naviguer avec utilité.

Ajoutons qu'alors auffi ils fe feroient déja
accoutumés peu-à-peu à la mer ; de forte qu'en
s'embarquant pour une navigation, ils auroient
été en état, dès le premier jour, de travailler

à s'inftruire ; au lieu que tranfportés fur un
Bâtiment dès le moment de leur arrivée des
Colleges , ils font quelquefois très-long-temps
dans les fouffrances & l'étourdiffement.

On ne peut , dit-on , faire naviguer trop tôt
les jeunes gens deftinés à la Marine. Je ne crois
point que cela foit bien vrai. Quand on les embarque fi jeunes , & avant que leur tempéra-
ment foit formé , les fatigues de la mer peuvent
l'altérer pour tout le refte de leur vie ; & d'un
autre côté , tant qu'on ne leur a point donné
encore les connoiffances préliminaires , tant que
leur efprit n'a point été fuffifamment exercé à
obferver , à raifonner , quel fruit peuvent-ils
recueillir d'une navigation ? Tout au plus , ils
chargeront leur mémoire d'une vaine nomen-
clature.

Il me femble donc , encore une fois , qu'il
eût été plus à propos de les laiffer , lorfqu'ils
fortent des Colleges , un ou deux ans dans les
Ports , fuivre les différentes Ecoles , les différens atteliers , & acquérir , en un mot , un certain nombre de connoiffances élémentaires.
Agés alors d'environ dix-fept ans , leur corps auroit été plus robufte , plus en état de fupporter les
fatigues de la mer ; & d'ailleurs mieux préparés ,
plus inftruits , ils auroient bien davantage profité
des campagnes qu'on leur auroit fait entreprendre.
Mais

Mais ce n'eſt pas tout : ces jeunes gens arrivés dans les Ports, qu'y feront-ils en attendant qu'on les embarque, ou dans les intervales d'une campagne à l'autre ? L'Ordonnance n'y a pourvu en aucune manière. Ils feront donc livrés à eux-mêmes, c'eſt-à-dire, à l'oiſiveté, à la diſſipation, & combien à l'âge de quinze ou ſeize ans, cette liberté ne leur fera-t-elle point funeſte !

Ils feront, dit l'Ordonnance, fous la police immédiate du Major de l'Eſcadre à laquelle ils auront été attachés. Mais ce Major, d'ailleurs occupé d'un aſſez grand nombre de détails, ne les aura point fous ſes yeux, il ne les furveillera point dans le courant de la journée, il ne les tiendra point attachés au travail, il ne les empêchera point de perdre leurs mœurs & leur fanté. Tout au plus, il les punira lorſque quelque faute bien grave aura occaſionné quelque plainte.

C'eſt ici que l'on peut demander ſi l'on a eu raiſon de ſupprimer les Compagnies des Gardes de la Marine : j'oſe dire que non. Quand ils étoient ainſi formés, ils ſe trouvoient fous l'inſpection d'un certain nombre d'Officiers qui pouvoient les furveiller prefque dans tous les momens de leur vie, & qui le pouvoient fur-tout, lorſqu'on eut pris la précaution de cafer-ner ces jeunes gens, & de les tenir ainſi tous raſſemblés dans un même lieu.

D

Il est vrai que la négligence des Supérieurs rendit bientôt cette sage institution infructueuse. Les Officiers de ces Compagnies, contens de retirer les supplémens attachés à leurs places, ne s'occupèrent pas beaucoup d'en remplir les devoirs ; & les Commandans ne firent aucune attention à cette insouciance.

Mais n'étoit-il pas possible de ranimer le zèle, ou du moins d'obliger ces Officiers à plus d'exactitude ? Ne pouvoit-on pas choisir pour ces places importantes des hommes sages & instruits que l'on auroit indemnisés de leurs peines par des supplémens convenables ? Ne pouvoit-on pas les multiplier assez, pour que les jeunes Eleves fussent toujours sous les yeux de quelqu'un d'entr'eux ; de sorte que, par exemple, ils fussent sans cesse gardés & le jour & la nuit par un Sous-lieutenant ? Ne pouvoit-on pas établir une regle, une discipline exacte de laquelle il ne fût jamais permis de s'écarter ? Ne pouvoit-on pas imposer aux Officiers supérieurs, comme un de leurs principaux devoirs, celui de veiller à ce que cette discipline fût observée ? Ne pouvoit-on pas, en un mot, perfectionner cet établissement de maniere qu'il fût véritablement utile, & qu'il ne pût jamais dégénérer ?

Tout cela sans doute se pouvoit, & chacun voit trop bien les moyens qu'il y avoit à prendre pour qu'il soit nécessaire d'entrer ici dans

tout ce détail. Mais à la place de cet établissement, que substitue l'ordonnance ? Rien de plus
que la surveillance très-insuffisante des Majors
des Escadres ; car du reste elle laisse les Eleves,
tant de la troisieme que de la seconde & premiere
classe, se conduire comme ils voudront : elle les
soumet seulement à se rendre exactement aux
écoles. Or, qu'on se représente une foule de jeunes gens venus de tous les coins du Royaume &
rassemblés dans une même ville, où loin de leurs
parens, ils ont presque la pleine & entiere liberté
de leurs actions : qu'on se les représente jouissant
de leur indépendance dans un âge où les passions
commençant à fermenter, ne peuvent encore être
contenues par la raison qu'elles devancent : Ju-
gera-t-on, pourra-t-on espérer qu'ils conserveront
quelque reste d'honnêteté, & qu'ils deviendront
de bons Citoyens, de bons Officiers ? Il me semble
qu'on ne peut gueres s'en flatter, & qu'il n'y a
aucun pere qui puisse, sans frémir, envoyer son
fils à une telle école.

Après huit mois de navigation, soit sur la corvette, soit sur un autre bâtiment, & après avoir
subi trois examens sur les premiers détails de pratique, les Eleves qui auront répondu d'une maniere satisfaisante, passeront à la seconde classe (1).

____

(1) Ibid. Art. 38.

Sur cela j'obſerve qu'il eût convenu d'établir une regle certaine pour l'ordre dans lequel ces Eleves ſeroient embarqués ; en ſorte qu'il ne pût pas arriver que le dernier venu eût plutôt complété ſes huit mois de navigation que beaucoup d'autres plus anciens, & qu'on ne pût pas tomber dans l'inconvénient des injuſtes préférences.

Mais, quoiqu'il en ſoit, voici encore quelques remarques ſur les Eleves de la ſeconde claſſe.

D'abord, comme je viens de le dire, on ne les a point ſoumis à une ſurveillance aſſez exacte, aſſez continue. L'Ordonnance a bien établi pour eux un *Directeur de l'école*, qui doit être un Capitaine de vaiſſeau (1). Mais les fonctions de ce Directeur ſont reſtreintes à l'intérieur de l'école même : il n'a rien à faire au dehors. Bien plus, ſi un Eleve manque de s'y rendre, il ne peut point le punir lui-même. Il faut qu'il avertiſſe le Commandant de l'eſcadre à laquelle cet Eleve eſt attaché ; or, voudra-t-il toujours prendre la peine de donner cet avis ?

En ſecond lieu, l'Ordonnance ne détermine point le tems que les Eleves paſſeront dans les écoles, & après lequel ils pourront être admis dans la premiere claſſe. Elle exige ſeulement qu'ils ſoient examinés ſur les différens genres d'inſtruc-

---

(1) Ibid. Art. 35.

tions qu'ils reçoivent, & qu'ils aient au moins trois ans de navigation (1). N'est-ce point-là encore une source d'abus & d'injustes préférences ? Les trois ans de navigation ne seront-ils pas toujours plutôt complettés par ceux qui auront de plus puissantes protections ?

D'ailleurs, quand commencera-t-on de les faire naviguer ? Si un Eleve est embarqué presqu'aussitôt qu'il aura été promu à la seconde classe, il passera sur mer un tems qu'il auroit beaucoup mieux employé dans l'école. Il naviguera avant que d'avoir les connoissances nécessaires pour profiter de sa campagne. Il eut donc convenu, ce semble, de déterminer qu'aucun ne seroit embarqué qu'après un certain tems, & lorsqu'on se seroit assuré qu'il étoit suffisamment instruit pour cela.

Enfin, ces Eleves embarqués doivent être, ainsi que ceux de la troisieme classe, subordonnés au Maître d'équipage, au Maître pilote, au Maître canonier (2). Je ne sais si c'est-là une sage disposition. Des jeunes gens doivent être accoutumés, plies à l'obéissance : cela est vrai ; mais il me semble qu'il importe de choisir ceux qui doivent les commander : or des Maîtres d'équipage,

---

(1) Ibid. Art. 48.
(2) Ibid. Art. 58, 59.

des Maîtres pilotes, des Maîtres canoniers, quoiqu'habiles dans leur art, peuvent fort bien, à
cause de l'éducation qu'ils ont communément
reçue, être fort peu en état de commander convenablement à des jeunes gens nés dans un certain rang. Quelle peut même être l'obéiffance
de ceux-ci envers des hommes qu'ils font à la
veille de commander eux-mêmes !

Pour ce qui eft, enfin, des Eleves parvenus
à la première claffe, l'Ordonnance ne s'en oc-
cupe plus. Elle avoit même oublié de fonger à
ceux qu'elle y avoit promus tout à coup, c'eft-
à-dire, à tous les Gardes de la marine & du pavillon exiftans au moment qu'elle fut publiée.
On ne s'eft ravifé à cet égard qu'au commen-
cement de 1787, époque à laquelle on y a
pourvu par un Règlement particulier du 28 Jan-
vier, & fur lequel je ne m'arrêterai point, parce
que ce n'eft-là qu'une loi momentanée.

Cependant, ces Eleves ne peuvent qu'avoir
beaucoup à faire encore pour fe perfectionner : il
ne falloit donc pas perdre entièrement de vue leur
éducation. A la bonne heure qu'on ne les en-
voie plus dans les écoles. Mais on pouvoit leur
affigner des occupations particulieres dans les
ports & les arfénaux, occupations qui auroient
toujours entretenu & augmenté leurs connoiffances, & qui en effet forment en tout tems

l'école la plus instructive pour les Marins. On
pouvoit, à cause de leur âge, leur laisser plus de
liberté, mais pourtant les tenir encore soumis à
une certaine discipline. Des jeunes gens de 19 à
20 ans ne doivent point encore être entiérement
abandonnés à eux-mêmes.

De plus, il falloit aussi, pour obvier aux
préférences, établir un ordre constant suivant
lequel ils seroient embarqués, sur-tout en tems
de paix. De cette maniere chacun à son tour auroit completté les six ans de navigation qu'exige
l'Ordonnance, pour qu'ils puissent être promus
au grade de Lieutenant.

Ajoutons ici qu'au moyen de la suppression du
grade d'Enseigne, autrefois intermédiaire entre
ceux de Garde de la marine & de Lieutenant, les
Eleves de la premiere classe parviennent aussi-tôt
à ce dernier. Or de-là qu'arrive-t-il ? c'est qu'avec
de la faveur un jeune homme peut dès l'âge de
22 à 23 ans se trouver Lieutenant, rouler par
conséquent avec les Majors des troupes de terre,
& être dans le cas de commander des Bâtimens.

Du reste, je proposerai dans la suite quelques
nouvelles idées sur la maniere de repeupler la
Marine. C'est pourquoi j'ai omis ici un grand
nombre d'observations auxquelles les dispositions de l'Ordonnance pouvoient donner lieu.

CHAPITRE IV.

Des Officiers de Port.

LE Corps des Officiers de Port a souffert successivement bien des variations : tantôt abaissés,
tantôt élevés, tantôt avec un uniforme, tantôt
avec un autre, on a encore de la peine à déterminer quel est aujourd'hui leur état. D'une part,
pour ce qui est des grades & des honneurs, ils
sont sur le pied militaire ; de l'autre, pour ce
qui est des fonctions, il leur est interdit de servir sur les vaisseaux, & ils sont bornés aux pai-
sibles & tranquilles opérations du port. La seule
chose qui soit bien certaine & qui n'ait jamais varié, c'est l'espèce d'éloignement & de
dédain que les Officiers de vaisseau n'ont point
cessé de témoigner à leur égard.

Toutes les remarques que l'on peut faire sur
les dispositions de l'Ordonnance qui les concernent, se réduisent à une seule. C'est qu'on des
voit les supprimer comme inutiles, & les incor-
porer parmi les Officiers de vaisseau.

Les fonctions dont ils sont chargés sont assurément très-importantes ; mais elles devroient être
remplies par les Officiers de vaisseaux eux-mêmes ;

& elles n'exigent pas un Corps particulier.

Ces fonctions confiſtent à faire déſarmer les vaiſſeaux, les faire mâter & démâter, virer en quille, caréner, mouiller en rade.....&c. &c. Or toutes ces opérations n'entrent-elles pas dans l'ordre de celles qui ſont confiées aux Officiers de vaiſſeau ? N'eſt-il pas même important qu'ils les connoiſſent & qu'ils ſoient tous en état de les diriger ? Cela eſt d'autant plus néceſſaire, qu'il n'y a guere de campagne un peu longue, dans le cours de laquelle il ne ſe préſente à faire quelqu'une de ces mêmes opérations, & qu'alors, ſi les Officiers de vaiſſeau ne ſont point en état de les conduire, il faut qu'on les confie entiérement à des Officiers mariniers dont les connoiſſances ſont ſouvent bornées à une aveugle pratique.

D'ailleurs, on trouveroit par-là le moyen d'occuper un certain nombre d'Officiers de vaiſſeau, avantage plus précieux qu'on ne pourroit d'abord le penſer. La plûpart, en effet, languiſſent pendant pluſieurs années de ſuite, ſoit dans les ports, ſoit chez eux, dans la plus parfaite inaction. Or, cette longue habitude du repos ne doit-elle pas leur être très-funeſte ? Peuvent-ils, lorſqu'ils viennent à s'embarquer après cela, avoir toute l'activité qu'exige le ſervice de la mer ?

Ainſi donc, la ſuppreſſion des Officiers de Port paroît préſenter pluſieurs avantages pour

l'Etat. La dépense seroit diminuée; un plus grand
nombre d'Officiers de Vaisseau seroient entretenus dans l'habitude du travail ; enfin tous aug-
menteroient & perfectionneroient chaque jour
leurs connoissances ; car, on ne peut trop le dire,
les travaux du port & de l'arsenal sont l'école
la plus instructive pour les Marins.

Du reste, pour tirer de ce nouvel ordre de
choses toute l'utilité qui peut en résulter, il
faudroit que ce service des ports fût fait à tour
de rôle par tous les Officiers de Vaisseau indis-
tinctement. Les fonctions de Directeur & de
Sous-Directeur seroient confiées à des Capitaines
de Vaisseau, qui seroient changés tous les trois
ans ; les autres seroient remplies par les Lieutenans & autres Officiers inférieurs, lesquels
serviroient par semestres. Il faudroit, sur-tout,
y attacher les jeunes Officiers, appellés maintenant *Eleves de premiere classe*, & ordonner même
qu'ils n'obtiendroient d'avancement, qu'après
avoir été employés, durant un certain temps,
dans ce genre de service.

CHAPITRE V.

Des Ingénieurs - Constructeurs.

Avant 1689, les Ingénieurs-Constructeurs n'é-
toient guères considérés que comme des Maîtres Charpentiers, & c'est même le nom qui
leur est donné dans l'Ordonnance faite à cette
époque (1).

Mais par une suite du progrès des connoissances & de la juste considération qu'elles ont
acquise, ils se sont peu à peu élevés ; & enfin
ils sont arrivés à jouir des honneurs & des grades
militaires.

D'abord, l'Ordonnance de 1765 substitua une
dénomination plus honorable à celle qu'ils avoient
précédemment : elle leur donna le nom d'*Ingénieurs-Constructeurs*, un Uniforme, & en même
tems elle leur enjoignit de s'appliquer aux Mathématiques, au dessin, à toutes les connoissances qui pouvoient servir à perfectionner l'art
de la construction qui, jusques alors, se trouvoit presque réduit à une simple routine.

Ensuite, comme je l'ai déja remarqué, l'Or-

____

(1) Ordonnance de 1689. liv. 13 , tit. 1.

donnance de 1772 les assimila aux Officiers d'Administration dont ils prirent l'Uniforme ; puis,
en 1776, on les rendit à leur ancienne manière
d'être : enfin l'Ordonnance de 1786 leur a donné
l'état assez brillant, dont ils jouissent aujour-
d'hui. Elle les a mis tout à fait sur le pied militaire : elle a créé des places de Directeurs,
auxquels elle a donné le rang de Capitaine de
Vaisseau ; & d'autres de Sous-Directeurs, auxquels elle a attribué le rang de Major. D'ailleurs, ils ont obtenu le droit de pouvoir être
décorés de la Croix de S. Louis, prérogative
dont ils paroissoient autrefois bien éloignés, &
de laquelle un seul d'entr'eux avoit joui par un
concours de circonstances particulieres. L'anec-
dote me paroît digne d'être racontée ; car elle
servira encore à faire voir combien il importeroit que nos Officiers de Vaisseau fussent exer-
cés dans les fonctions du port.

En 1744, les escadres commandées par MM.
de Piosin, & de la Jonquiere, furent obligés à
un long séjour dans le port de Cadix. Plusieurs
vaisseaux eurent besoin de radoubs considérables ; & comme nos Officiers étoient peu en
état de diriger ces opérations, toujours confiées
en France aux seuls Officiers de Port, il fallut
chercher quelqu'un qui pût & qui voulût bien
les conduire. Cet homme se trouva.

Le sieur Autran, ancien Charpentier de Toulon, servant dans l'arsenal à 28 sols par jour, fâché de n'avoir pu obtenir une légere augmentation de paie, avoit quitté le service de France pour passer à celui d'Espagne. Ses talens & les connoissances l'y firent bientôt distinguer. Il remonta la Marine Espagnole ; il donna aux vaisseaux de cette Nation les formes agréables qu'ils ont conservées depuis ; & il parvint enfin à être fait Capitaine de Port à Cadix, où il se trouvoit en 1744, & où il s'empressa de rendre à nos escadres tous les services dont elles avoient besoin. Ce fut donc lui qui conduisit les travaux ; & il le fit de maniere à mériter que la Cour de France se crut obligée de le récompenser.

M. d'Arnaud, alors Commissaire des deux escadres, fut chargé par M. le Comte de Maurepas, de pressentir le sieur Autran sur ce qu'il pouvoit desirer. Il n'ambitionna que la Croix de S. Louis, comptant avec raison que cette marque honorifique, par laquelle le Roi le reconnoîtroit pour un de ses Officiers, lui acquerroit en Espagne une nouvelle considération. La Croix fut donc envoyée, & il fut reçu par M. de Piosin, qui donna à cette occasion une superbe fête. Il paroît, du reste, que le sieur Autran ne s'étoit point trompé dans ses espérances ; car il est mort, depuis, Officier général au service d'Espagne, & Commandant de la Caraque.

L'on peut douter cependant que l'idée de former le Corps des Ingénieurs-Constructeurs sur ce pied, ait été bien bonne. Il est à craindre, effectivement, que les Officiers de Vaisseau ne les voient bientôt avec peine jouir des honneurs & des grades militaires ; & que de-là il ne résulte, entre les deux Corps, une sorte d'aversion funeste au bien du service. D'ailleurs, il importe que ces honneurs conservent toujours tout le prix qu'ils ont dans l'opinion. Il paroît donc convenable de ne point les prodiguer, & de ne les accorder qu'à ceux qui courent véritablement les risques de la guerre.

En conséquence, n'eut-il pas été mieux de laisser les Ingénieurs-Constructeurs, comme ils étoient autrefois, dans un état purement civil ? Sans doute on doit récompenser les services, sans doute on doit honorer les talens, les connoissances utiles ; mais il est d'autres récompenses, d'autres distinctions, que les honneurs militaires : telles sont, par exemple, des Lettres de noblesse, le Cordon de S. Michel, &c.

L'on objectera peut-être l'exemple des Ingénieurs au service de terre, dont le régime paroît avoir servi, jusqu'à un certain point, de modele à l'Ordonnance de 1786, pour former

l'état des Ingénieurs-Constructeurs. La différence
des uns aux autres est très-considérable. Les
premiers servent dans les sieges, dans les cam-
pemens, dans l'établissement des batteries ; ils
y courent autant & plus de risques, que les
Officiers des autres troupes ; & puisqu'ils partagent avec eux les périls de la guerre, il est
juste qu'ils en partagent les honneurs. Mais il
n'en est pas de même des derniers ; ils n'exercent
leur art que dans les ports, ou si quelquefois ils
s'embarquent ; ce n'est point pour servir dans les
combats.

L'on demandera peut-être, pourquoi, ayant
proposé de remettre aux Officiers de Vaisseau les
fonctions des Officiers de Port, je ne propose
pas de même de leur confier encore celles des
Ingénieurs-Constructeurs. Il y a une très-grande
différence entre les unes & les autres ; celles-ci
demandent, pour le perfectionnement de l'art,
qui, porté déja bien loin, peut sans doute aller
encore au-delà, une continuité d'études, d'application qui n'est gueres compatible avec l'état
d'un Officier de Vaisseau. D'ailleurs, un batiment
a-t-il été entrepris ? Il faut que celui qui a com-
mencé d'en donner le plan, le conduise jusqu'à
sa fin ; ce qui souvent exige un bien long temps.
Or, si c'étoit un Officier de Vaisseau qui fût
chargé de cette direction, il pourroit bien, dans

cet intervalle, être appellé à la mer, soit par
le tour de rôle, soit par les besoins de l'État.
Pour ce qui est au contraire des opérations confiées aux Officiers de Port, elles ne sont pour
la plupart que momentanées, & communément
un Officier peut être remplacé par un autre sans
inconvénient.

CHAPITRE VI.

De l'Artillerie.

L'ÉTAT de l'artillerie de la Marine a été tota-
lement changé par l'Ordonnance de 1786.

D'abord, elle a ôté la direction aux Officiers
de Vaisseau, pour la donner à d'autres Officiers
tirés du Corps-Royal de l'Artillerie des Colonies, & elle l'a soumise à de nouvelles regles.

En second lieu, elle a entiérement supprimé
l'ancien Corps de troupes qui faisoient le service
de l'artillerie, & elle lui en a substitué un autre
sous la dénomination de *Corps-Royal de Canon-
niers-Matelots.* Les dispositions qui concernent la
formation, la composition, l'administration, la
police de ce nouveau Corps, comprennent plus
de 90 pages.

Je n'entreprendrai point ici de suivre en dé-

tail

dit toutes ces dispositions, ce seroit un travail immense & assez inutile; je me borne à quelques observations générales.

Il semble toujours, à mesure qu'on lit l'Ordonnance, que les Rédacteurs se soient proposé, sur toutes choses, de restreindre les fonctions des Officiers de Vaisseau, & de les réduire à l'inaction en temps de paix. On ne leur laisse effectivement presque rien à faire, soit dans les ports, soit dans les arsenaux; de sorte que, tant qu'ils ne sont point à la mer, ils sont à peu près inutiles, & qu'habituellement l'Etat ne retire presqu'aucun service d'un Corps de plus de deux mille Officiers, dont les traitemens s'élevent à des sommes immenses.

Cependant, outre l'inconvénient de cette inutilité, ce système en présente encore d'autres, non moins sensibles, que nous avons eu déja l'occasion de remarquer. D'abord, pour remplir les différentes fonctions, dont on auroit pu charger les Officiers de Vaisseau, il faut avoir d'autres Officiers, & de là résulte une augmentation de dépense; de là résulte que l'on s'écarte d'un grand principe qu'il semble que le Gouvernement ne devroit jamais perdre de vue; c'est de n'employer dans le service que le moins d'individus qu'il est possible. En second lieu, cette longue habitude du repos que l'on laisse contracter aux

Officiers de Vaisseau les rend, sans doute, bien moins disposés pour un genre de service qui souvent exige la plus grande activité ; enfin, en ne les employant point dans les details relatifs à leur état, on leur ôte le meilleur moyen d'acquérir & de perfectionner leurs connoissances.

Ces réflexions s'appliquent encore particuliérement aux dispositions de l'Ordonnance concernant l'Artillerie. Autrefois la direction en étoit confiée à des Officiers de Vaisseau, & il ne paroît point que cette partie du service en ait jamais souffert. Pourquoi donc la leur ôter ? pourquoi la donner à une autre classe d'Officiers ? Il falloit, ce semble, d'autant plus la leur conserver, qu'il importe que les détails de l'Artillerie ne leur soient point inconnus, & c'est ce que l'Ordonnance paroît même avoir bien compris, puisqu'elle fait entrer ces détails dans l'ordre des instructions qu'elle prescrit pour les Eleves. L'on peut dire aussi qu'il y a à cet égard une sorte de contradiction dans ses dispositions. Car enfin, à quoi bon vouloir que des jeunes-gens acquierent un certain genre de connoissances, si d'ailleurs, en ne leur en laissant faire aucun usage, on les met à même de les oublier ?

Il semble donc qu'il en auroit dû être des détails de l'Artillerie, comme de ceux des travaux des Ports. Les Officiers de Vaisseau au-

roient dû être chargés & des uns & des autres,
& il auroit convenu de même d'ordonner qu'ils
se succéderoient à tour de rôle dans cette partie
du service.

L'on ne voit point au surplus, quelle est
l'utilité de cette compagnie d'Ouvriers pour les
affuts & ustensiles d'Artillerie attachée à chaque
Direction. C'est une multiplication d'êtres sans
nécessité; car auparavant les travaux ne se faisoient ni avec moins d'économie, ni avec moins
de soin. Tout ce qui en est résulté, c'est que
d'anciens ouvriers qui avoient passé la plus
grande partie de leur vie dans les Arsenaux, ont
perdu avec leur état le moyen de subsister.

Quant au nouveau Corps *de Canonniers Matelots*, tout le monde est encore à se demander
la raison de cette nouvelle création. S'il y eut
jamais un Corps de Soldats distingués par le
zele, par la bravoure, par les talens, par l'instruction, c'étoit celui des Compagnies qui faisoient autrefois le service de l'Artillerie dans la
Marine. Combien, sans remonter plus haut, ne
se sont-elles pas signalées dans la derniere
guerre! Pourquoi donc le supprimer ? Pourquoi
lui en substituer un autre constitué tout diffé-
rémment ? quand un état de choses est démontré
bon par l'expérience, de vaines spéculations devroient-elles porter à le changer !

Dira-t-on que ce changement a été déterminé par des vues d'économie ? je n'ai pas tous les matériaux nécessaires pour faire la comparaison de la dépense de l'ancien Corps avec celle du nouveau. Mais je crois pouvoir assurer que la différence est peu considérable, & je ne sais même si tout calcul fait, la balance ne seroit pas à l'avantage de l'ancien état.

D'ailleurs, sans faire en détail le parallelle de l'ancienne & de la nouvelle constitution, il est facile de comprendre que l'une étoit bien supérieure à l'autre.

L'ancien Corps étoit composé de Marins classés qui, presque dès leur enfance, avoient été liés à ce service, & qui s'y voyoient enchaînés pour toute leur vie, c'est-à-dire, jusqu'à ce que l'âge ou les infirmités les eussent mis hors d'état de servir. C'étoient de jeunes Matelots qui commençoient par être apprentifs Canonniers, & qui, après avoir été éprouvés, étoient attachés selon leur goût & leurs talens, au service de l'Artillerie, comme d'autres l'étoient à la manœuvre, au charpentage, au calfatage, &c. Ainsi, fixés pour toujours à cet état, ils ne desiroient & ne pouvoient desirer autre chose que de s'y avancer & de mériter d'obtenir de nouveaux grades.

Dans la nouvelle constitution au contraire,

le Corps est composé, comme le sont les troupes de terre, d'hommes de toute espece, recrutés à la maniere ordinaire, & dont l'engagement n'est que pour huit ans. Combien d'après cela seul, l'esprit du Corps ne doit-il pas être différent ? de plus, dans l'intervalle des huit années pour lesquelles le Soldat est engagé, à peine aura-t-il le temps de s'instruire, de se former convenablement & de s'accoutumer à la mer ; de sorte qu'il ne sera bien en état de servir qu'au moment qu'il deviendra libre, & de là ne s'ensuit-il pas qu'on n'aura jamais qu'une assez mauvaise troupe ?

Envain, l'Ordonnance, qui a bien prévu cet inconvénient, a tenté d'y remédier en offrant divers avantages à ceux qui se rengageroient. L'on doit toujours compter, vu la maniere dont le Corps est formé, que la plupart profiteront de leur congé, dès le moment qu'ils pourront l'obtenir.

Un autre désavantage, résultant du nouvel ordre des choses, est la perte de ce qu'on appelloit Canonniers bourgeois, sorte de Troupe auxiliaire qui servoit très-bien, & qui, lorsqu'elle n'étoit point embarquée, ne coûtoit rien à l'Etat. C'étoient des Matelots classés qui, après avoir fait leur apprentissage dans le service de l'Artillerie, sans dessein de s'y attacher pour toujours, & après être devenus aides-Canonniers, s'adon-

noient à la manœuvre, au charpentage, au calfatage, ou à telle autre partie des travaux pour
laquelle ils s'étoient deftinés, & dont ils ne cef-
foient point d'être occupés dès qu'ils n'étoient
pas employés à la mer comme Canonniers. L'é-
toient-ils ? leur zele, leurs talens, leurs connoiffances dans cette partie, les faifoient con-
courir avec les Canonniers engagés aux places de
feconds & de maîtres Canonniers, & il eft à remarquer que la concurrence de ces deux claffes
de Canonniers entretenoit une émulation dont les
effets étoient fouvent utiles.

Enfin, la nouvelle conftitution offre encore
une bifarrerie affez finguliere. Le Corps des Canonniers Matelots eft partagé en neuf Divifions
dont chacune eft attachée à l'une des neuf Efcadres
qui forment la grande Divifion de nos forces navales. Or, en cet état, chaque Divifion a d'a-
bord pour Commandant en premier & en fecond des Officiers de Vaiffeau, c'eft-à-dire, le
Commandant & le Major de l'Efcadre à laquelle
elle appartient. Puis elle eft commandée encore
par un Major, un Aide-Major, & un Garçon
Major, choifis, favoir, le premier parmi les Capitaines du Corps-Royal d'Artillerie, le fecond,
parmi les Lieutenans du même Corps, le troi-
fieme parmi les Sous-Lieutenants du Corps même
des Canonniers Matelots. Ce n'eft pas tout, chaque

Division est divisée en neuf Compagnies, &
chaque Compagnie est commandée par un Chef
qui est Sous-Lieutenant de Vaisseau. Enfin la
Compagnie a encore un Sous-Lieutenant, lequel
est pris parmi les Sous-Lieutenans de l'ancien
Corps supprimé. Ainsi donc pour une même
Troupe, voilà trois ou quatre différentes classes
d'Officiers. Quel ordre, quelle harmonie
peuvent résulter d'une aussi étrange hiérarchie ?

Combien n'étoit-il pas plus simple & mieux
entendu l'ancien régime qui donnoit le commandement de ces troupes aux seuls Officiers de
Vaisseau! Cela étoit d'autant plus raisonnable,
qu'à la mer & les jours de combat, elles ne font
& ne peuvent être qu'aux ordres de ces seuls
Officiers qui en seroient bien mieux obéis &
pourroient bien mieux les conduire, s'ils les
commandoient toujours.

CHAPITRE VII.

Des Officiers d'administration.

COMME je l'ai déja dit, l'Ordonnance de
1776 avoit, pour ainsi dire, anéanti le Corps des
Officiers d'administration elle n'avoit conservé
avec l'Intendant & le Commissaire général qu'un

très-petit nombre de Commissaires ordinaires
dans chaque Département, & d'ailleurs elle leur
avoit enlevé leurs principales fonctions, pour
les confier aux Officiers de Vaisseau. Elle avoit
sur-tout abrogé l'ancien usage de donner à chaque
armée navale, Escadre ou Division, un Intendant
ou un Commissaire chargé de tout le détail
de la comptabilité, & de mettre sur chaque
bâtiment allant à la mer un écrivain qui remplis-
soit toutes les fonctions relatives aux consom-
mations & remplacemens de vivres, munitions,
& autres effets, aux revues des équipages, &c.

La guerre qui survint peu de temps après,
rendit bien plus graves & bien plus sensibles les
inconvéniens sans nombre qui devoient nécessairement résulter de ce systême. Aussi, le nouveau
Ministre crut devoir se hâter d'y remédier, &
tel fut l'objet d'une Ordonnance publiée le premier Novembre 1784. Par cette Loi, il fut d'abord
ordonné que, comme autrefois, chaque Armée
navale, Escadre ou Division, auroit, soit un
Intendant, soit un Commissaire général, soit un
Commissaire ordinaire, auquel les détails de
la comptabilité seroient confiés. En second lieu,
l'on créa un certain nombre de Places de Commis
aux revues & aux approvisionnemens, & il fut
dit qu'un de ces Commis seroit embarqué sur
chacun des Vaisseaux, Frégates & autres Bâtimens
de Sa Majesté, qui iroient à la mer.

» Lorsqu'ensuite le même Ministre voulut changer en entier la face de la Marine, & qu'il fit
rédiger cette multitude d'Ordonnances & de
Réglemens, qui forment le nouveau Code de
1786, il ne s'occupa plus, en aucune maniére,
des Officiers d'administration; seulement il laissa
subsister & il fit joindre à son Recueil cette pré-
cédente Ordonnance les concernant, qui avoit
été publiée le premier Novembre 1784.

Ainsi donc ces Officiers sont demeurés, à peu
près, dans l'état auquel ils avoient été réduits
en 1776; tout le changement que l'on y a fait,
consiste à leur avoir rendu les fonctions qu'ils
remplissoient autrefois à la mer.

Or, je crois avoir assez prouvé que cet état
est véritablement nuisible au bien du service; que
la trop grande influence des Officiers de Vaisseau,
sur la comptabilité, peut avoir les plus dangereuses conséquences, & qu'il seroit à souhaiter
qu'à cet égard l'ancien ordre des choses eût été
rétabli.

Je ne veux pas dire néanmoins qu'on dût rendre
aux Officiers d'administration tout ce que la faveur des circonstances leur avoit fait acquérir
en 1772; ce seroit tomber dans un excès op-
posé; mais il eût convenu peut-être de revenir
aux sages dispositions de l'Ordonnance de 1765.

Que si l'expérience avoit fait connoître quel-

qu'abus , auquel, cette Ordonnance n'eût pas fuffifamment remédié , il auroit été facile d'y fup-
pléer par quelque nouveau Réglement. L'on
auroit pu , entr'autres chofes , établir de telles
regles d'adminiftration , qu'il ne reftât plus aucun
lieu de craindre les déprédations dont ces Officiers étoient accufés. Ces regles auroient été
aifément indiquées par tous ceux qui connoiffent
les détails des Ports & Arfenaux : c'eft pourquoi
je n'entreprendrai point de les fuggérer. J'obfer-
verai feulement que celles que l'on fuit aujour-
d'hui , s'accordent difficilement avec la célérité
qu'exige le fervice. Souvent , pour parvenir à fe
faire délivrer le plus petit objet , un Ouvrier eft
obligé d'attendre & de perdre une demi-journée.

D'ailleurs, il auroit fallu s'attacher à prévenir,
autant qu'il étoit poffible , la funefte divifion que
l'on a vu régner , prefque toujours , entre le
Corps de ces Officiers & celui des Officiers de
Vaiffeau. Pour cela , la premiere attention que
l'on auroit dû avoir , eût été celle de déterminer , de limiter fi bien leurs fonctions récipro-
ques , que les uns ne puffent jamais empiéter fur
celles des autres , & qu'à cet égard , l'on vit
rarement s'élever des difputes. D'un autre côté,
l'on auroit pu fuivre , pour la formation du
Corps des Officiers d'adminiftration, le fyftême
que M. de Maurepas paroiffoit avoir adopté.

Deux frères fe préfentoient-ils pour entrer dans le fervice de la Marine ? Il donnoit à l'un des Lettres de Garde de la Marine, & à l'autre, d'Eleve d'adminiftration. Il vouloit, par-là, faire enforte que les deux Corps fe trouvaffent enfin compofés de Citoyens à peu près du même rang ; d'où il feroit réfulté que l'un n'auroit plus affeété tant de hauteur, & qu'il auroit moins defiré de prendre l'empire fur l'autre.

Alors, auffi, l'on auroit pu, fans inconvé-nient, attribuer aux Officiers d'adminiftration tous les honneurs militaires, & particuliérement celui de la Croix de Saint-Louis qu'ils n'ont point encore obtenue, quoiqu'ils y ayent bien autant de droit, ce femble, que les Commiffaires des Guerres & les Ingénieurs-Conftructeurs auxquels on la donne maintenant. Il eût même été né-ceffaire de leur accorder cette faveur ; car, fans cela, bien des Sujets, tels qu'on pouvoit les defirer, fe feroient toujours éloignés d'un genre de fervice dans lequel ils ne devoient pas efpérer d'obtenir cette décoration.

Au furplus, remarquons que l'Ordonnance du premier Novembre 1784 n'a corrigé qu'en partie l'inconvénient auquel elle vouloit remédier. Au lieu de l'Ecrivain, qui étoit autrefois embarqué fur chaque Bâtiment, pour y être chargé des détails de la comptabilité, elle a fubftitué un

simple Commis, qui n'étant point Officier, qui
n'étant qu'un sous-ordre très-subalterne, est
nécessairement beaucoup trop subordonné aux
Officiers de Vaisseau, & ne mérite point même
assez de confiance.

CHAPITRE VIII.

Des Classes.

La partie des Classes a été réglée par une
Ordonnance pareillement publiée sur la fin de
l'année 1784, & insérée dans le Code de 1786.
Quel a été l'objet de cette Ordonnance ? L'on
croiroit presque qu'elle n'en a pas eu d'autre que
celui de compliquer, d'embrouiller tellement
cette importante partie du service, qu'elle devint plus difficile, plus pénible qu'elle ne l'avoit
jamais été.

D'abord, elle a singuliérement multiplié les
Officiers qui doivent y être employés (1). A'la
tête, sont un Inspecteur général & un Intendant
général ; puis viennent des Inspecteurs particuliers ; puis des Chefs des Classes ; puis des Lieutenans ou Suppléans de ces mêmes Chefs ; puis

____

(1) Voyez Ordonnance concernant les Classes, tit. 2.

des Commissaires des Classes ; puis, enfin, des
Syndics & des Tréforiers ; ce qui fait un total
d'environ quatre cens personnes.

Cette multiplication a paru si extraordinaire,
qu'on n'a pu l'expliquer que par une raison tout
à fait particuliere. Le Ministre, a-t-on dit, vouloit
exclure du Service des Vaisseaux plusieurs Officiers, contre lesquels il avoit des préventions
bien ou mal fondées. La plupart, cependant, ne
pouvoient être ni justement, ni décemment ren-
voyés, sur-tout à la fin d'une longue guerre ;
&, d'ailleurs, ils faisoient difficulté de se contenter de la retraite qui leur étoit offerte. Quel
parti prendre ? L'on n'en vit pas d'autre que
celui de créer des places dans lesquelles on pourroit les employer. Que cette nouvelle création
fut par elle - même non seulement inutile , mais
encore dangereuse, peu importoit en ce moment.
Elle fournissoit le moyen se délivrer d'un certain
nombre de ces Officiers, dont on étoit embarrassé,
& c'étoit-là le seul objet que l'on se proposoit.
C'est de-là donc que vint l'idée de créer des Inspecteurs particuliers, lesquels seroient pris parmi les
Capitaines de Vaisseau, qui consentiroient de se
retirer ; de créer des Chefs des Classes , qui
seroient choisis également parmi les mêmes
Capitaines, ou parmi les Lieutenans ; de créer,
enfin, des Lieutenans & Suppléans que l'on

prendroit dans les grades subalternes de la Marine.

Si cette innovation ne préfentoit pas d'autre inconvénient, que celui d'occafionner une nouvelle augmentation de dépenfe, elle feroit toujours un mal & un très - grand mal dans des circonftances qui commandoient la plus exacte économie. Que faut-il donc en penfer, lorfqu'on voit qu'en embarraffant le fervice, elle lui nuit véritablement ?

Il s'étoit, fans doute, gliffé, dans l'adminiftration des Claffes, quelques abus auxquels il falloit remédier. Mais, pour cela, il n'étoit pas néceffaire d'en changer le régime, ni encore moins de le furcharger d'une inutile multiplicité de Coopérateurs. Qu'il y eût dans chaque quartier un Commiffaire ayant fous lui quelques Syndics ; que ce Commiffaire fût lui-même foumis à un Commiffaire général, qui infpecteroit tout le Département ; que celui-ci, enfin, fût fubordonné & rendît compte à l'Intendant : c'eft tout autant d'Officiers qu'il en faudroit, & encore n'auroient-ils tous qu'une jufte mefure d'occupations. Il eft facile de voir auffi que celles que la nouvelle Ordonnance donne à ces Chefs des Claffes qu'elle a créés, fe réduifent prefqu'à rien, ou ne font qu'une vaine répétition des opérations dont elle charge les Commiffaires & les Infpecteurs particuliers.

Mais il est des observations encore plus importantes à faire.

Le grand objet de l'administration des classes est de procurer & d'assurer à l'Etat le plus grand nombre de Marins qu'il est possible. Or, ne rempliroit-on pas mieux cet objet, en songeant moins à établir une surveillance exacte & sévere, qu'à prendre les moyens de la rendre inutile? Si elle est nécessaire, c'est que le service de la mer ne présente pour tout attrait au Matelot que des dangers de toute espece, & des fatigues bien mal récompensées. De là vient que ce service n'est regardé que comme un joug tyrannique auquel on s'efforce sans cesse de se soustraire. Ne seroit-il pas possible cependant de l'alléger, & d'exciter même une sorte d'empressement ?

D'abord le simple Matelot est très-mal payé. Son salaire est demeuré, à très peu de chose près, tel qu'il étoit en 1689, malgré que le prix de toutes choses ait presque doublé. On ne lui donne d'abord que 14 livres, puis 16 livres, & enfin la plus haute paye est de 21 livres. Comment veut-on qu'il desire de servir? il doit y être d'autant moins porté, que d'autre part le commerce lui offre depuis 30 jusqu'à 45 livres. Ne conviendroit-il donc pas de lui accorder une augmentation ?

Ce seroit sans doute un accroissement de dé-

pense pour l'Etat. Mais premiérement, si l'on
parvenoit à rendre meilleur le sort des Matelots,
il ne chercheroit plus autant à éviter le service;
par conséquent tant de précautions, & tant de
frais de surveillance ne seroient plus nécessaires:
ce qui présenteroit déjà une sorte de compen-
sation. En second lieu, il y a des objets, & celui-ci
est sans doute celui-ci, sur lesquels la trop grande
économie est également injuste & mal entendue.
L'on peut certainement retrancher, économiser
sur les immenses appointemens attachés à un
grand nombre de ce qu'on appelle les grandes
places; mais ni l'équité, ni l'intérêt de l'Etat ne
peuvent permettre que l'on refuse le nécessaire
à des malheureux condamnés aux plus durs travaux.

Il faut d'ailleurs remarquer que la plupart des
Matelots ont une famille à entretenir, que communément ils n'ont pas d'autres moyens que
leurs salaires de pourvoir à sa subsistance, &
que cependant ces familles sont très-précieuses à
l'Etat, puisque c'est par elles que se perpétue
& s'accroît cette classe d'hommes si nécessaires.
Il paroît aussi que l'Ordonnance ne les a point
perdues de vue, & qu'elle a songé à leur procurer quelques secours; mais combien, vu la
modicité de la paie, ne sont-ils pas impuissans!

selon les dispositions, (1) on pourra payer de
trois en trois mois, à la famille du Matelot embarqué, le tiers des salaires qui se trouveront
lui être dus, déduction faite des avances. C'est
donc pour un intervalle de trois mois une
somme de 16 à 21 livres que cette famille recevra ; cela peut-il lui fournir le moyen de
subsister ?

Observons même que par la suite d'autres
dispositions, il se trouve qu'elle ne peut rien
recevoir que six mois après le départ du Matelot.
Et effet, l'Ordonnance exige de celui-ci (1) qu'il
se munisse, avant de s'embarquer, d'un équippement dont la dépense, se montant au moins à
60 livres, emporte au-delà des salaires des trois
premiers mois. Ce n'est par conséquent qu'à la
fin des trois mois suivans que l'on peut commencer de remettre quelques secours à la famille.

L'on dira peut-être qu'il seroit difficile de
faire autrement, qu'il faut bien que le Matelot
soit équippé, & que cela importe à sa conservation. Il me semble que cette difficulté pourroit
être aisément surmontée. Il faudroit pour cela
que l'Etat fît l'avance au Matelot de la somme

____

(1) *Ibid.* tit. 16.
(1) Règlement pour l'ordre, la propreté à bord des
vaisseaux, art. 36.

F

nécessaire à son équippement, que l'on pourroit
même lui faire avoir à meilleur compte, en pre-
nant des arrangemens avec les fournisseurs. Il
faudroit ensuite qu'au lieu de retenir cette avance
sur le premier quartier de ses salaires, cette re-
tenue n'eût lieu qu'à l'époque du désarmement.
Que si le Matelot mouroit dans l'intervalle, &
avant même que ses salaires pussent équivaloir
au montant de la dépense, on retiendroit l'é-
quippement en nature jusqu'à la concurrence de
ce qui pourroit manquer. Il faudroit enfin que
tous les trois mois l'on pût payer à la famille du
Matelot au moins la moitié ou même les deux
tiers des salaires qu'il auroit gagnés ; en obser-
vant à cet effet que le Commis aux revues eût
soin d'envoyer à l'Intendant du Département,
tous les trois mois aussi, autant qu'il seroit possible, un état de l'équipage certifié par l'Officier
chargé du détail, & par le Capitaine commandant.

Par là, en procurant aux familles un secours
plus efficace, on préviendroit un autre inconvénient qui n'est malheureusement que trop
ordinaire. Souvent quand une Escadre est de retour d'une campagne un peu longue, la masse des
salaires & appointemens accumulés, forme une
somme considérable que l'Etat ne peut pas acquitter dans le moment. Le Matelot débarqué

est donc congédié sans toucher la moindre part
du fruit de ses peines, sans même recevoir quelquefois de quoi fournir aux frais de sa route,
sans qu'il puisse prévoir enfin à quel terme il
sera satisfait. Parmi les fréquens exemples de
cette injustice, l'on peut citer celui de la campagne de M.ʳ d'Estaing durant la derniere guerre.
Cette campagne avoit duré vingt-deux mois, &
ce ne fut que dix-huit mois après le débarque-
ment que les équipages furent payés. Mais si au
contraire l'on payoit de trois en trois mois la
moitié ou les deux tiers des salaires & appointemens de l'équipage, l'Etat se libéreroit en grande
partie peu à peu & d'une maniere insensible ; de
sorte qu'au désarmement il lui seroit beaucoup
plus facile d'achever de s'acquitter, ou si même
les circonstances nécessitoient quelque retarde-
ment, il pourroit différer avec moins d'injustice.

Ajoutons que cette inexactitude est encore une
des principales raisons pour lesquelles le Matelot
redoute de servir sur les Vaisseaux du Roi &
préfere de s'embarquer sur les bâtimens du
commerce. Ici, en effet, il peut d'un côté, par ses
conventions avec les armateurs, procurer à sa
famille tous les secours qu'il desire, & de l'autre,
il est assuré que dès qu'il aura désarmé, il recevra
tout l'argent qu'il aura gagné.

Ce n'est pas tout néanmoins pour améliorer le sort du Matelot, que d'augmenter raisonnablement son salaire, & de lui en assurer le paiement à des époques convenables. Il faudroit encore adoucir, autant qu'il seroit possible, son existence à la mer. Pour l'ordinaire, il y est mal nourri, mal soigné, ce qui ne vient pas moins de la négligence des Officiers, que d'une économie mal entendue. Bien souvent ceux qui commandent, accoutumés à regarder cette classe d'hommes que l'opinion met si loin au-dessous d'eux, comme un vil troupeau destiné à la peine, dédaignent d'en prendre le moindre soin, & ils les voyent souffrir & périr avec une froide indifférence. Heureusement, les idées commencent à changer à cet égard; si la raison n'a point encore triomphé des préjugés, du moins elle les attaque, & peut-être enfin l'on en viendra à comprendre que dans quelque rang qu'il soit né, un homme vaut pour la société selon l'utilité qu'elle en retire. Mais quoi qu'il en soit, il seroit à désirer que nos Ordonnances prescrivissent aux Officiers, comme un de leurs premiers devoirs, le soin de veiller à la conservation de leur équipage. Le code de 1786 contient bien quelques dispositions sur ce sujet, mais ce sont plutôt de simples exhortations que des ordres précis, sanctionnés par des peines & des récompenses. Ne pourroit-

Ce n'est pas tout pour améliorer le... on pas, par exemple, décerner quelque honneur particulier au Capitaine qui, après une campagne de long cours, rameneroit tout son équipage sain & sauve? Ne pourroit-on pas au contraire infliger une peine à celui qui se seroit rendu coupable de quelque négligence? Ne pourroit-on pas enfin établir quelques regles particulieres, telles que celle de mettre les équipages à la viande fraîche toutes les fois que l'on en auroit l'occasion, & qu'on pourroit le faire avec une légere augmentation de dépense? si pour cela il en coûtoit un peu plus à l'Etat, il en seroit bien dédommagé par la conservation d'un plus grand nombre de sujets utiles.

Une autre attention que l'on pourroit avoir, & qui, sans rien coûter, procureroit encore quelqu'avantage aux Matelots, est celle d'employer de préférence dans les arsenaux, les enfans de ceux qui seroient embarqués sur les bâtimens du Roi. Il y a toujours, effectivement, une multitude de petits travaux qui peuvent être faits par des enfans de neuf ou dix ans, auxquels une paie de six à sept sols par jour suffiroit pour leur subsistance. Ainsi le Matelot qui viendroit pour être embarqué, ameneroit ceux de ses enfans qui seroient en âge & en état d'être occupés, & sa famille se trouveroit soulagée d'autant, pendant son absence.

Enfin, il paroît qu'on pourroit encore &
que l'on devroit rapprocher l'époque où les
gens de mer peuvent obtenir les Invalides. L'Ordonnance la fixe à 60 ans passés (1) ; & c'est la
reculer un peu trop, vu qu'à cause de leur
genre de travail & de leur nourriture habi-
tuelle, les hommes de mer sont bien plutôt usés
que les autres. Il faudroit, d'ailleurs, que l'Inspecteur Général ne fut pas seul maître absolu,
comme il l'est (2), d'accorder ou de refuser
cette grace. Quand un homme seul décide, l'on
a toujours à craindre les préférences déterminées par la faveur ; & ces préférences sont ici
d'autant plus injustes, qu'après tout cette retraite que des Marins réclament, ils l'ont déja
payée du moins en partie, au moyen de la re-
tenue qui a été faite sur leurs salaires, sçavoir,
de quatre deniers pour livre sur ceux qu'ils gagnoient au service du Roi, & de six deniers sur
ceux qu'ils gagnoient en servant sur les bâtimens
du commerce.

Encore une fois, si, par ces moyens & par
d'autres qu'il seroit facile d'ajouter, on amélio-
roit le sort des Matelots, on n'auroit plus tant
de précautions à prendre pour les surveiller &

---

(1) Ordonnance des Classes, tit. 5, art. 1er.
(2) Ibid. art. 16.

les contraindre à servir. Il y auroit, au surplus, quelques observations à faire sur les précautions déterminées par l'Ordonnance, & particuliérement sur les peines qu'elle prononce contre les déserteurs.

Ces peines consistent généralement à des campagnes extraordinaires, pendant lesquelles le Matelot qui avoit déserté, est réduit à une solde moindre d'un tiers, d'une moitié, &c. (1) Or, on peut douter que cela soit bien capable de contenir les gens de mer. Sans doute la justice & l'humanité exigent que les peines soient modérées ; mais, d'un autre côté, il faut aussi qu'elles soient telles, qu'elles puissent effrayer suffisamment, pour prévenir le délit qu'elles doivent punir. C'est ce que la justice & l'humanité ne demandent pas moins ; car, sans cela, les délits se multiplieroient, & par conséquent, la punition seroit beaucoup plus souvent infligée. Du reste, cette salutaire frayeur est plutôt l'effet du choix, que de la sévérité de la peine. Quelque dure qu'elle soit, si celui qui est tenté de devenir coupable, ne la voit que dans le lointain ; si elle ne présente à son esprit aucune idée bien frappante, elle le contiendra bien moins qu'une peine bien plus douce,

____

(1) Ibid. tit. 18.

F 4

qui seroit prête à tomber, & qui, par
sa nature, pourroit faire une plus vive impression sur son ame. Or, tels sont-ils les caracteres
des peines décernées par l'Ordonnance ? Des
campagnes de six mois, d'un an, avec une moitié
de la solde ordinaire, & sans qu'elles puissent
compter pour l'avancement du Matelot, forment
assurément une punition assez dure, & d'autant
plus, que la famille du déserteur en souffre autant que lui. Mais, d'une part, cette punition
ne peut pas communément suivre d'assez près
le délit ; de l'autre, elle ne présente au Matelot
que l'idée très-familiere d'un travail auquel il
est accoutumé. Il est donc difficile d'imaginer
qu'elle le contienne suffisamment. L'on assure
aussi que, depuis la nouvelle Ordonnance, malgré toutes les précautions qu'elle a prises, malgré
toutes les entraves qu'elle a mises à la liberté
des gens de mer, les désertions sont plus fré-
quentes qu'elles ne l'avoient jamais été.

Remarquons de plus que les dispositions
qui concernent les déserteurs des navires Mar-
chands, peuvent avoir de dangereuses conséquences. Il est dit, par exemple, que ceux qui
seront arrêtés avant le départ des navires, seront remis aux Capitaines, pour faire le voyage
auquel ils s'étoient engagés, avec la moitié seu-(1)

lement des salaires qu'ils auroient dû gagner (1).
Il est dit encore que ceux qui déserteront pendant le voyage ou dans les relâches, perdront
d'abord les salaires, parts & autres sommes qui
pourroient leur être dûes; & que de plus, ils
seront pareillement remis au Capitaine pour achever le voyage, à demi-salaire. Mais, on le
demande : des déserteurs qu'un Capitaine aura
dénoncés, qu'il aura fait arrêter, qui retourne-
ront sur son bord par forme de peine, & dont
le travail ne sera presque plus payé, serviront-
ils avec zele, avec probité, & n'aura-t-on pas
même à craindre, de leur part, quelque trait
de vengeance ?

L'on pourroit faire encore bien des remarques
de détail sur divers articles particuliers de ce
nouveau régime des classes, & montrer qu'il
en résulte, ou des injustices, ou des inconvéniens de toute espece. Tel est celui qui porte
que « les peres pourront toujours se faire subs-
» tituer par leurs enfans, quels que soient leurs
» grades, pourvu que lesdits enfans soient classés
» comme Matelots au moins » (2). Il résulte
de-là que, si le pere est Officier Marinier, il
peut, en refusant de marcher, se faire substituer

____

(1) Ibid. art. 95 & 96.
(2) Ibid. tit. 11, des Levées, art. 24.

par un simple Matelot. Mais il n'est pas possible
qu'un simple Matelot le remplace dans l'emploi
dont il devoit être chargé; il faudra donc prendre
& forcer à s'embarquer un autre Officier Marinier du même grade, & dont néanmoins le
tour n'étoit pas encore venu. Or, n'est-ce pas
une injustice?

Mais de plus amples détails seroient très-
superflus. Ils ne montreroient effectivement que
des erreurs particuliéres; tandis que, selon tous
les Marins instruits, ce nouveau système des
classes n'est, en tout, qu'une grande erreur, &
que, pour le corriger, il faut le refondre & le
changer presqu'en entier.

CHAPITRE IX.

Réflexions sur un nouveau projet d'Ordonnance.

JUSQU'ICI, en parcourant les principales parties
du département de la Marine, je me suis plus
attaché à examiner ce que l'on avoit fait, qu'à
rechercher ce que l'on pourroit faire. Cette
marche étoit naturelle; car avant de songer à
un nouvel ordre de choses, il faut voir si celui
qui existe est bien ou mal, & d'ailleurs, c'est
sur-tout par la connoissance des erreurs que l'on
peut arriver à la vérité.

Quoi qu'il en soit, cette recherche, dont il faudroit maintenant s'occuper, exige plus de talens, plus de connoissances & plus de temps que je n'en ai. Je ne l'entreprends donc point dans le dessein de l'épuiser, & de parvenir à présenter un nouveau plan qui embrasse tous les détails. Je dois me borner à quelques idées générales.

Il me semble qu'en travaillant à donner une nouvelle constitution à la Marine, il faudroit d'abord porter son attention sur ceux qui doivent la gouverner, c'est-à-dire, sur le Ministre & les Bureaux. En vain, effectivement, les meilleures loix seroient établies, si, relativement à ceux qui doivent les faire observer, les plus grands abus continuoient d'exister.

Ministre &
Bureaux.

Je ne répéterai point ici tout ce que, depuis quelques mois, l'on a écrit touchant le Ministere. Cette matiere importante, à laquelle jadis on ne touchoit pas impunément, a été traitée, discutée : les grands principes ont été reconnus : on a sur-tout établi, consacré celui de la responsabilité, & cela semble nous promettre, pour l'avenir, de meilleurs Administrateurs. C'est du moins le seul moyen de prévenir quelques-unes des funestes suites du mauvais choix, sur lequel on doit toujours compter dans une Monarchie.

« Un défaut essentiel & inévitable (dit un Au-

» leur célebre) qui mettra toujours le Gouver-
» nement monarchique au-dessous du républi-
» cain, est que, dans celui-ci, la voix publique
» n'eleve presque jamais aux premieres places

» que des hommes éclairés & capables qui les
» remplissent avec honneur, au lieu que ceux
» qui parviennent dans les Monarchies ne sont
» le plus souvent que de petits brouillons,
» de petits frippons, de petits intriguans à qui
» les petits talens qui font, dans les cours,
» parvenir aux grandes places, ne servent qu'à
» montrer au public leur ineptie aussi-tôt qu'ils
» y sont parvenus.... Aussi, quand par quelque
» heureux hasard, un de ces hommes nés pour
» gouverner, prend le timon des affaires dans
» une Monarchie presque abîmée par ces tas de
» jolis Régisseurs, on est tout surpris des res-
» sources qu'il trouve, & cela fait époque dans
» un pays ». (1)

J'ajouterai qu'il importeroit peut-être encore
de rendre les places du Ministere infiniment
moins lucratives & d'en réduire les profits à ce
qui seroit nécessaire pour donner aux Ministres
une existence convenable. L'économie ne seroit
pas le seul motif de cette réduction ; il y en auroit
un autre plus essentiel. C'est que dès-lors ces

____

(1) Contrat social, liv. 3, chap. 6.

places seroient plus communément ambitionnées par les hommes qui aiment la gloire, que par ceux qui ne sont avides que de richesses, & l'on sait que l'on a beaucoup moins à craindre des uns que des autres.

Dans cet objet, l'on pourroit fixer d'une maniere raisonnable les appointemens annuels. L'on pourroit abolir l'usage de donner à chaque nouveau Ministre une somme considérable pour former sa maison. Que si l'on ajoutoit quelqu'importance à une représentation assez inutile, il seroit facile d'y pourvoir par l'établissement d'une maison qui appartint à l'État, & qui passeroit successivement d'un Ministre à l'autre. L'on pourroit regler & moderer les pensions de retraite auxquelles il est bien étrange qu'un homme imagine avoir droit, pour avoir, pendant quelques mois, montré son incapacité dans une place que l'intrigue lui avoit fait obtenir. L'on pourroit enfin empêcher par une loi constante qu'un Ministre n'accumule sur sa tête une multitude, & d'autres places, & d'autres émolumens.

Il n'est d'ailleurs gueres possible d'établir des regles précises pour le travail des Ministres; mais il semble qu'il faudroit du moins les assujettir à ce que l'utilité publique exige nécessairement. Telle est l'obligation de donner un libre accès à tous ceux qui peuvent avoir à leur parler, & d'avoir pour cela des audiences régulieres. Chacun sait combien il en coûte, & combien il est difficile pour la plûpart des Citoyens de parvenir à un Ministre. Si des sollicitations, des protections ou des intrigues n'ouvrent enfin la porte, elle demeure toujours fermée. Il donne à la vérité quelques audiences publiques, mais il faut le plus souvent les aller chercher à Versailles, & les acheter par des voyages dont la dépense est très-onéreuse ; mais ces audiences données une ou deux fois par semaine, ne durent qu'une ou deux heures tout au plus ; & comment dans ce court intervalle écouter cent personnes qui voudroient se faire entendre ? Sans doute le tems est précieux pour un Ministre : mais celui qu'il donne au public n'est pas perdu.

Avec de meilleurs Administrateurs, on auroit bien moins à craindre de la part des Bureaux ; car c'est de l'incapacité des uns que vient toute l'autorité des autres. Quand un Ministre ignorant est obligé de s'en rapporter aveuglément à ses Commis ; quand, incapable de rien faire par lui-même, il est forcé de recevoir d'eux tout le travail qu'il porte au Conseil, il faut bien que ceux-ci se rendent les Maîtres & gouvernent à leur gré. Personne n'ignore, d'ailleurs, combien ils savent user de leur empire. Per-

sonne n'ignore que, plus despotes, plus durs,
plus fiers que le Ministre lui-même, aucune
grace n'est accordée qu'à ceux qui s'humilient
& rampent devant eux. Personne n'ignore, enfin,
que la demande la plus juste, la plus favorable,
ne manque point d'être rejettée, si d'abord on
n'a le soin & l'art de gagner leur suffrage.

L'on voit aussi que rarement les Ministres
ont osé toucher aux Bureaux, & entreprendre
de corriger les abus que, sans doute, ils ne
pouvoient s'empêcher d'y reconnoître. La réforme se portoit sur toutes les parties de l'administration ; mais les Bureaux étoient toujours
respectés. Combien néanmoins ne trouveroit-on
pas à y réformer, soit pour l'économie, soit
pour le bien réel du service ! Ne parlons que
des bureaux de la Marine.

Il n'est pas facile à ceux qui ne sont point
initiés dans les mysteres, de savoir combien
d'individus y sont employés ; mais l'on croit
pouvoir assurer qu'il y en a plus de cent, &
que ce nombre est trop fort, même en l'état
actuel des choses, au moins de la moitié.
Pour en juger, on n'a pas besoin d'examiner
quel peut être leur travail. Il suffit de voir que
la plûpart sont presque toujours sans occupa-
tion ; que les Chefs daignent à peine se montrer
quelquefois dans les Bureaux, & que les subal-

ternes y passent seulement quelques heures dans la journée. D'ailleurs, à quelle somme s'élevent les traitemens de tant de gens inutiles ? Il n'est pas aisé non-plus de le connoître : mais on peut comprendre que maîtres, comme ils le font, de toutes les graces, de toutes les faveurs, ils ne doivent point s'être oubliés.

Il paroît donc que, d'abord, on auroit à réduire de beaucoup ce nombre extraordinaire de Chefs, de premier Commis, des Commis en second, des Suppléans, &c. ; & voici comme il me semble que les Bureaux pourroient être composés.

Sous le Ministre seroient trois Chefs, auxquels on pourroit donner la dénomination d'Intendans ; savoir :

1°. *Un Intendant des Ports & Arsenaux*, dont le Département comprendroit les Mouvemens, les Graces, les Emplois des Officiers & Entretenus, les Troupes de la Marine, les Travaux des Ports & Arsenaux, des Armemens, Campagnes, Désarmemens, le détail des Chiourmes.

2°. *Un Intendant des Colonies*, dont le Département comprendroit, outre les détails de nos Colonies de l'Amérique, ceux de nos Etablissemens en Asie & sur les côtes d'Afrique, ceux du Commerce du Levant & tous les Consulats.

3°. *Un Intendant des fonds*, chargé aussi des

détails

détails des Classes, de la police de la Navigation marchande, des Pêches, & du controle général de la comptabilité des munitions navales.

Ensuite chacun de ces Intendans auroit deux Adjoints, sous le titre de *Commissaires*, ou, si l'on veut, *de Commissaires généraux.*

Enfin, sous chacun d'eux seroient aussi quatre Secretaires, auxquels joignant quelques Copistes, on auroit le nombre d'Employés necessaires pour tout le travail.

Voici, d'ailleurs, quels pourroient être leurs traitemens.

3 Intendans à	24,000ᵗᵗ	72,000ᵗᵗ
6 Adjoints à	12,000	72,000
6 Secretaires à	6,000	36,000
6 Idem. à	4,000	24,000
		204,000

L'on croira peut-être que ce nombre de vingt-une personnes employées est insuffisant; mais il faut observer que le travail des Bureaux est en effet bien moins compliqué qu'on ne l'imagine communément. Pour l'ordinaire, la plus grande partie arrive des Départemens toute faite; les Bureaux n'ont presque qu'à vérifier.

Ce travail diminuera même encore beaucoup à mesure que de bonnes Loix donneront au...

vice une marche simple, constante & uniforme. Alors, moins de difficultés à résoudre, moins de doutes à éclaircir : alors, le Ministre ne sera plus assailli par cette foule de demandes, de sollicitations qui forment une grande partie de sa correspondance : alors, en un mot, les choses marcheront, pour ainsi dire, d'elles-mêmes. Il faut espérer qu'alors aussi, (& c'est un article qui doit fixer l'attention), les comptes seront présentés plus exactement au Tribunal chargé de les examiner : car communément, le compte d'une année n'est soumis à la révision de la Chambre des Comptes que quatre ou cinq ans après.

Quant aux choix des Sujets à employer dans les Bureaux, il seroit difficile de n'en pas laisser la disposition au Ministre : mais pourtant ne seroit-il pas à propos d'exiger qu'il les prît dans le Corps même de la Marine ; c'est-à-dire, parmi les Officiers d'administration ? L'on seroit sûr, de cette manière, qu'ils connoîtroient jusqu'à un certain point les objets dont ils auroient à s'occuper : au lieu que bien souvent ceux que l'on emploie n'en ont pas la moindre notion ; quelquefois même ils n'ont vu ni Port, ni Arsenal.

Conseil.

L'on ne peut parler des Ministres & des Bu-

reaux fans penfer aux Confeils que, dans ces
derniers temps, on a imaginé d'établir. En général, cette forme d'adminiftration eft-elle bonne
ou mauvaife? C'eft une queftion qui a été plufieurs fois agitée, & il faut convenir que l'expérience que l'on vient de faire n'en donneroit
pas une idée fort avantageufe. L'on a été communément peu fatisfait des opérations du Confeil de la Guerre, & quant à celles du Confeil
de la Marine, elles ont été à peu près nulles.
Mais le mal eft-il venu de la chofe même ou
de la manière dont on l'a employée? c'eft ce
qu'il faudroit encore examiner. Quoi qu'il en
foit, & fans approfondir la queftion générale,
l'on conçoit comment on pourroit former ces
Confeils de forte qu'ils fuffent auffi utiles qu'ils
peuvent l'être.

Au lieu de livrer abfolument à l'arbitraire
le choix des Membres qui les compoferoient,
il faudroit l'affujettir à des Loix conftantes ; &
d'un autre côté, il conviendroit encore que ces
Membres ne fuffent point permanents, mais qu'ils
changeaffent au bout d'un temps fixé, & même
d'un temps affez court. Par là, d'une part, on
préviendroit l'inconvénient des choix prefque
toujours mauvais que l'intrigue & la faveur
déterminent ; de l'autre, des Confeillers ainfi

paſſagers n'acquerroient jamais une autorité trop
deſpotique, & ils mettroient d'autant plus de
prudence & de réſerve dans leurs opérations,
que bientôt après ils en devroient reſſentir eux-
mêmes toutes les ſuites.

Ainſi, pour ce qui eſt du Conſeil de la Marine,
l'on pourroit établir qu'il ſeroit compoſé, ſans
compter le Miniſtre, de dix perſonnes, ſavoir,
deux Lieutenans Généraux, deux Chefs d'Eſcadres, deux Capitaines de Vaiſſeau, deux Commiſſaires Généraux de l'Adminiſtration, un Commiſſaire Général des Claſſes, un Directeur des
Conſtructions, outre leſquels Membres chacun
des Intendans Chefs des Bureaux, ſeroit appellé
toutes les fois qu'il s'agiroit d'une affaire de ſon
département, ou que le Conſeil le jugeroit néceſſaire. L'on ordonneroit enſuite que pour les
Lieutenans Généraux, les Chefs d'Eſcadres &
les Commiſſaires Généraux d'Adminiſtration,
l'on prendroit d'abord le plus ancien & le plus
moderne des Officiers de ce grade, qu'il en
ſeroit de même pour les Capitaines de Vaiſſeau,
avec cette ſeule différence qu'on ſe borneroit
aux vingt premiers, pour y prendre les deux qui
entreroient dans le Conſeil; enfin que l'on prendroit d'abord encore le plus ancien des Commiſſaires Généraux des Claſſes, & des Directeurs

des Constructions. L'on statueroit de plus, que
ces différens Membres ne pourroient jamais
rester plus de deux ans dans le Conseil; mais
qu'il se renouvelleroit néanmoins de manière
qu'avec les nouveaux Conseillers il demeurât
toujours un certain nombre des anciens; qu'en
conséquence, au bout de la premiere année, les
plus modernes des Lieutenans Généraux, des
Chefs d'Escadres, des Capitaines de Vaisseau &
des Commissaires Généraux d'Administration,
seroient remplacés par ceux qui les précedent
immédiatement en ancienneté : qu'au bout de la
seconde année, les anciens sortiroient & auroient
pour successeurs ceux qui viennent aussi - tôt
après eux; que cet ordre continueroit ainsi d'être
suivi; & qu'à l'égard des Commissaires Généraux des Classes & des Directeurs des Constructions, ils se succederoient dans le Conseil, de
deux en deux ans & à tour de rôle.

L'on dira peut-être que selon ce système les
Membres qui formeront le Conseil ne seront
pas toujours ceux qui auroient pu y apporter
le plus de lumieres. Cela est vrai : mais il y a
tout lieu de croire qu'ils vaudront bien ceux
que l'intrigue, la faveur pourroient faire choisir,
& l'on aura d'ailleurs un reproche de moins à
leur faire. N'imaginons point , au surplus , qu'il

G 3

foit fort néceffaire, ni même fort à defirer que tous les Membres d'un tel Confeil foient doués du don du génie. Le fens, l'expérience, font, avec la probité & l'amour du bien public, des qualités fuffifantes, & l'on peut raifonnablement fe flatter de les trouver chez d'anciens Officiers qui auront déja vieilli dans le fervice.

L'on pourra objecter encore que les fréquens changemens du Confeil empêcheront que l'Adminiftration ne foit affez conftamment animée du même efprit, de forte qu'elle variera fouvent dans fa marche. Il me femble au contraire que cette marche une fois bien déterminée par de bonnes Loix conftitutives ne pourra gueres varier ; & que les fréquens changemens contribueront même à en affurer d'autant plus l'uniformité ; car les Membres de ce Confeil ne pouvant point compter fur une permanence fuffifante pour changer la conftitution, feront toujours forcés de la refpecter, de plus, moyennant l'attention de conferver un certain nombre d'anciens Membres avec les nouveaux „ les idées pourront aifément fe tranfmettre & fe perpétuer.

Je n'entre point dans le détail des traitemens qu'on pourroit accorder aux Membres du Confeil, & des regles particulieres qu'on pourroit faire concernant leur travail. Tout cela ne peut préfenter de grandes difficultés.

Il y en auroit beaucoup, sans doute, à trouver *Officiers de Vaiſſeau.* la meilleure manière poſſible d'organiſer le Corps des Officiers de Vaiſſeau , & je n'entreprendrois point auſſi d'en parler, s'il ne me ſembloit que cette meilleure organiſation nous eſt toute tracée dans l'Ordonnance de 1689. Toutes celles que l'on a imaginées depuis ont préſenté bien moins d'avantages & bien plus d'inconvéniens. Sans doute, on peut y remarquer encore quelques imperfections, & sans doute auſſi le tems & les circonſtances ont pu rendre quelques changemens, quelques additions néceſſaires ; mais le fond, l'enſemble feront toujours regrettés, juſqu'à ce que l'on ait pris enfin le parti d'y revenir. Il paroît donc qu'on ne peut rien faire de mieux que de rétablir cet ancien ſyſtême, ſauf quelques modifications.

La premiere peut concerner le nombre d'Officiers qu'il convient d'avoir ; car aujourd'hui il en faut vraiſemblablement une plus grande quantité qu'autrefois, vu que la guerre ſe fait maintenant beaucoup plus ſur mer que ſur terre. Mais par quelles conſidérations ce nombre ſera-t-il déterminé ? Ce doit être par celle du beſoin.

Que s'il n'est pas possible de faire à cet égard
un calcul bien exact, l'on peut du moins en
juger par approximation. L'on peut, en sup-
posant une guerre telle, par exemple, que la
derniere que nous avons soutenue, voir combien d'Officiers y seroient employés à la fois,
& combien il en faudroit encore pour le service
des Ports & arsenaux. J'observe, du reste,
qu'il conviendroit peut-être de ne pas s'en tenir
rigoureusement au besoin ainsi calculé; mais
d'avoir toujours un leger excédent; car, par
les circonstances, ce besoin peut s'accroître tout-
à-coup, & l'on ne forme pas sur le champ de
bons Officiers.

Une autre modification dont j'ai déja parlé, est
celle de charger les Officiers de Vaisseau de toutes
les fonctions des Officiers de Port, lesquels seroient entierement supprimés. Je ne répéterai
point ici ce que j'ai dit ci-dessus sur la convenance
de ce changement, & sur les moyens de le rendre
aussi utile qu'il peut l'être. J'observerai seulement que cette multiplication des fonctions des
Officiers de Vaisseau peut avoir quelque influence
sur l'augmentation de leur nombre, & sur les
regles à établir pour les faire servir à tour de rôle.
Ces régles ont souvent varié, & plus
souvent encore celles qui existoient ont été

mal observées. Mais quoi qu'il en soit, ne pourroit-on pas ordonner, par exemple, qu'en temps de paix, les deux tiers des Officiers seront constamment employés, soit à la mer, soit dans les Ports & les arsenaux ? Que chacun d'eux servira dix-huit mois, au bout duquel temps ils auront un congé de droit pour six ? Que, du reste, les appointemens ne varieront plus selon que les Officiers seront ou ne seront pas employés, qu'on les payera toujours de même, mais qu'ils seront entièrement perdus, & sans espoir de rappel, pour ceux qui tarderoient de se rendre après leur congé, ou qui s'absenteroient pendant le temps de leur service ? Ne pourroit-on pas, en un mot, établir à cet égard à peu près le même ordre qui s'observe pour les Officiers des troupes de terre ?

Enfin, il y auroit encore quelques régles particulieres à faire concernant les appointemens, l'avancement, les retraites (1) &c., régles qui

____

(1) Il y a, sur les retraites, un Réglement particulier du 24 Juin de l'année derniere 1788 ; il contient, sans doute, plusieurs sages dispositions : mais il en est une qui peut, ce semble, être justement critiquée. Par l'article VI, un Officier peut, après vingt ans de service, obtenir une pension de retraite égale au quart de ses appointemens.

ont été indiquées ci-deſſus, ou dans le détail deſquelles il ſeroit ſuperflu d'entrer en ce moment.

J'obſerve, au ſurplus, que ſi jamais la Marine militaire & la Marine marchande pouvoient être plus rapprochées, & pour ainſi dire confondues du moins juſqu'à un certain point, le ſyſtême de conſtitution devroit être tout différent. On conçoit en effet qu'alors ce ſeroit un nouvel ordre de choſes, & que l'on pourroit même aiſément parvenir à avoir une Marine plus nombreuſe, plus utile, plus redoutable, & qui coûteroit beau-

---

& d'ailleurs, ſuivant l'article VII, l'on doit compter chaque année de mer pour deux ans pendant la guerre, & pour dix-huit mois pendant la paix. Or, de là que peut-il réſulter ? C'eſt qu'un Officier entré dans le ſervice de la Marine, comme on y entre pour l'ordinaire à l'âge de ſeize ans, ſoit dans le cas d'obtenir une retraite à trente, c'eſt-à-dire, au moment où il eſt dans toute ſa force & où il peut ſervir le plus utilement pour l'Etat. Les retraites ne doivent être que pour les Officiers que leur âge a mis hors de ſervice : ſi, hors le cas de bleſſures ou d'infirmités, ils ſe retirent plutôt, on ne leur doit rien : tant qu'ils ont ſervi, l'Etat les a payés, & il eſt quitte envers eux. Il paroît donc qu'on devoit ajouter que pour obtenir une retraite quelconque, il faudroit, outre les vingt ans de ſervice, que l'Officier fût parvenu au moins à l'âge de cinquante ans.

coup moins à l'Etat. Mais quelque révolution que les circonstances ayent déja opéré dans les idées, peut-être les anciens préjugés, les anciennes habitudes résisteront encore long-tems à un changement aussi considérable. Je crois donc qu'il seroit inutile de présenter ici les plans que j'imagine qu'on pourroit adopter dans cette supposition.

J'ai parlé assez au long des Élèves, & j'ai *Eléves.* observé entr'autres choses qu'il n'y avoit point de nécessité d'entretenir ces Écoles gratuites toujours très-coûteuses pour l'État, & communément peu utiles pour les Particuliers. Mais comment donc s'y prendre pour régénérer notre Marine & pour avoir des Officiers instruits ? Il me semble qu'on peut y parvenir par des moyens bien simples.

Distinguons deux sortes de connoissances nécessaires à cette classe d'Officiers. Les unes que l'on ne peut guères acquérir que dans les Ports & Arsenaux, & dans le service de la Marine militaire. Telles sont les connoissances relatives au service de l'Artillerie, à la construction, à la manœuvre des Vaisseaux de guerre, aux évolutions navales, &c. Les autres au contraire, que l'on peut acquérir par-tout ailleurs, & de ce nombre sont les Mathématiques, les principes de pilotage, de manœuvre, de construction, &c.

Cela posé, il paroît que l'on pourroit ordonner tout simplement qu'un jeune homme ne sera admis dans la Marine militaire, qu'autant qu'il possédera cette seconde sorte de connoissances, qui sont en effet les premieres dans l'ordre de l'instruction, & que pour s'en assurer, le Conseil de Marine établi dans chaque département lui fera subir les examens nécessaires. D'ailleurs, comme il seroit difficile d'acquérir quelques unes de ces connoissances sans naviguer, l'on pourroit ordonner encore qu'un jeune homme ne sera admis à l'examen, qu'autant qu'il aura effectivement navigué durant un certain tems.

Alors, ce sera aux parens à prendre soin eux-mêmes de l'éducation de leurs enfans, & cette éducation n'en ira pas plus mal. Ce sera à eux aussi de les faire embarquer pour qu'ils fassent les campagnes nécessaires, & ils en trouveront bien les moyens. Qu'on ne craigne point aussi de manquer de Sujets. La plupart des professions de la société exigent bien autant de soins & de dépenses que peut en exiger celle d'Officier de la Marine. Voit-on néanmoins qu'il y en ait quelqu'une pour laquelle on manque de Candidats?

Je crois même qu'à présent, que la porte de la Marine militaire sera ouverte, comme celle

de toutes les places , de tous les emplois , à
toutes les claſſes de Citoyens , il ſe préſentera
beaucoup plus de Sujets qu'on n'en pourra recevoir , & qu'en conſéquence l'on aura une nouvelle raiſon de ſe rendre difficile ſur le choix.

Quoi qu'il en ſoit , les jeunes gens ainſi admis vers l'âge de dix-huit ou vingt ans , & non
au-deſſus , pourroient être appellés Élèves , ou ,
comme autrefois , *Gardes de la Marine* , & ils
ſeroient d'abord occupés dans les Ports & Arſenaux à acquérir toutes les connoiſſances qui leur
manqueroient encore. A cet âge , & avec l'avance
qu'ils auroient , deux ans d'étude , tout au plus ,
leur ſuffiroient pour s'inſtruire convenablement ,
& alors ils pourroient , après un rigoureux examen , obtenir le grade d'Enſeigne , grade qu'il
eſt à propos de rétablir pour qu'il y en ait un intermédiaire entre ceux d'Élève & de Lieutenant
de Vaiſſeau. Du reſte , les Enſeignes continue-
roient d'être employés de la manière qui ſeroit
la plus propre à leur donner lieu de perfectionner leur inſtruction.

Quant aux Officiers de Port , aux Ingénieurs
Conſtructeurs , & à l'Artillerie de la Marine ,
je n'ajouterai rien à ce que j'en ai dit ci-deſſus.
Les premiers forment une claſſe ſuperflue d'Officiers qu'il faut ſupprimer , & dont les fonctions

doivent être ajoutées à celles des Officiers de Vaisseau. Quelques changemens sont nécessaires dans le régime des seconds ; & enfin, pour ce qui est de l'Artillerie, il n'y a dans l'état actuel des choses rien de mieux à faire, ce semble, que de revenir à l'ancien ordre modifié par quelques régles particulieres.

Officiers d'Adminis- tration.   C'est pareillement tout ce que l'on a à peu près à desirer par rapport aux Officiers d'Administration. Il y auroit néanmoins à faire un changement assez considérable, c'est la suppression des places d'Intendans dans les Départemens, places qui ne sont, en quelque sorte, qu'un luxe assez inutile. Ce n'est pas que leurs fonctions ne soient nécessaires ; sans doute il faut qu'il y ait dans chaque Département un homme à la tête de l'administration. Mais au lieu d'un Officier décoré de ce titre fastueux d'Intendant qui, d'après nos idées & nos usages, entraîne un traitement considérable, on pourroit se contenter d'un Commissaire général. Dix à douze mille livres d'appointemens suffiroient à celui-ci, tandis qu'on croit devoir attribuer à un Intendant deux ou trois fois davantage. Les fonctions n'en seroient pas moins bien remplies, & la preuve en est que le plus souvent les Intendans, occupés à Paris de faire leur Cour & de suivre des projets d'ambition , laiſſent le ſoin de s'acquitter des devoirs de leurs places dans les ports aux Commiſſaires Généraux qui ſont ſous leurs ordres. Il y a même lieu de croire que la direction des affaires ſe trouvera beaucoup mieux entre les mains d'un ancien Officier d'Adminiſtration inſtruit au moins par l'expérience, qu'entre celles d'un homme choiſi par la faveur & qui communément arrive à une Intendance, ſans avoir preſque la moindre idée des choſes dont le Gouvernement lui eſt confié.

Indépendamment de l'économie à faire ſur les appointemens, les logemens en préſenteroient encore une autre aſſez importante. Dans tous les ports où il y a des Intendans, le Gouvernement a fait bâtir & entretient à grands frais de magnifiques maiſons pour loger ces Officiers. Or, au lieu de cette faſtueuſe dépenſe, il ſuffiroit d'attribuer au Commiſſaire Général, pour cet objet, une ſomme annuelle de 1800 livres, ou de 2000 livres qui ne ſeroit pas le quart de ce qu'il en coûte à l'Etat, ſoit pour l'intérêt de la ſomme principale employée à la conſtruction, ſoit pour l'entretien, ſoit enfin pour les changemens, les nouveaux arrangemens qui ne manquent pas de ſe faire à chaque mutation.

Au reſte, ce que je dis ici du logement des Intendans peut s'appliquer à celui de tous les autres Officiers pour lesquels on a imaginé de même d'avoir des maisons appartenantes à l'Etat. Ainsi, il n'est point assurément de Commandant de la Marine qui ne fut très-satisfait de recevoir annuellement une somme de 3000 livres pour se loger. (1) Il en coûte néanmoins beaucoup plus au Gouvernement, & l'on peut en juger par un seul exemple. A Toulon, on a élevé pour cet Officier un superbe Hôtel, dont la construction, en y comprenant les matériaux & les ouvriers fournis par l'Arsenal, s'est élevée au moins à à 200,000 livres. Or, qu'on joigne à l'intérêt de cette somme la dépense de l'entretien, & la dépense encore plus considérable des changemens qui seront faits par tout nouveau Commandant, on trouvera que pour cet article, il en coûte annuellement à l'Etat environ 11 à 12,000 liv. Je n'insiste point, au surplus, sur ce que pour satisfaire de petits sentimens de vengeance, on a construit cet édifice sur une très-belle place d'armes, qui étoit fort commode, fort utile pour la garnison & que l'on a entiérement défigurée.

Mais soit que l'on conserve les Intendans, soit qu'on mette à leur place des Commissaires-Généraux, il conviendroit de ne point leur laisser

____

(1) Ils n'avoient précédemment que 1500 ou 1800.

un pouvoir trop arbitraire, de foumettre leur adminiftration à des regles fixes & invariables, & de faire infpecter, autant qu'il fe pourroit, leurs opérations par les Confeils de Marine éta-blis dans les Départemens. Ainfi, par exemple, tous les marchés à faire fur les lieux dévroient être paffés dans le Confeil & aux encheres; ainfi tous les projets de dépenfe devroient y être délibérés, tous les comptes devroient y être vifés; ainfi, en un mot, toutes les opéra-tions tant foit peu importantes y devroient être examinées.

Il importe d'autant plus à l'Etat d'établir des regles fages & féveres pour l'Adminiftration, que c'eft au fond la partie la plus difpendieufe, & la feule même fur laquelle on puiffe faire des économics un peu confidérables. En effet, quelque réforme que l'on faffe relativement aux Officiers, on ne pourra jamais beaucoup économifer fur leurs appointemens; car enfin, il faudra toujours que tout Officier reçoive une paie fuffifante pour le faire fubfifter convenablement. A la vérité, l'on pourra diminuer le nombre exceffif d'Offi-ciers Généraux; l'on pourra profcrire ces fup-plémens trop généreufement accordés par l'Or-donnance de 1786; l'on pourra retrancher fur les énormes traitemens à la mer & fur quelques appointemens; mais il feroit difficile d'aller plus

H

(114)

'c in. Le plus grand nombre des Officiers n'ont que
les appointemens néceffaires, & je ne fais même
fi quelques-uns ne feroient pas dans le cas d'obtenir
une augmentation. Mais il n'en eft pas de même
des nombreux détails des Ports & des Arfenaux ;
l'ordre, l'attention, une Adminiftration bien réglée
y trouveront à faire vraifemblablement des éco-
nomies très-importantes.

Au furplus, j'ai fait précédemment quelques
autres remarques relatives au régime des Officiers d'Adminiftration ; je n'y reviendrai point.

Enfin, pour ce qui concerne les claffes, il
me paroît que ce que j'en ai dit fuffit pour faire
connoître la néceffité d'un nouveau fyftême, &
pour indiquer même les bafes fur lefquelles il
doit porter. Je n'en parlerai donc pas davantage ;
car encore une fois, mon deffein n'a été dans
ce moment que de propofer quelques idées générales ; le temps & les circonftances ne me per-
mettant point de faire mieux.

Il y a d'ailleurs quelques autres parties qui
tiennent encore au Département de la Marine ;
telles font l'Adminiftration des Confulats &
celle des Colonies. Pour la premiere, il y a lieu,
ce me femble, d'examiner fi nos Confuls ne font
pas trop multipliés ; fi les appointemens qui leur
font attribués, fur-tout à ceux qui font établis
en Europe, ne font pas trop confidérables ; s'il

n'y a point d'excès dans les retraites qu'on leur accorde , & s'il convenoit d'affecter ces places à des Militaires pour qui le commerce, l'Adminiftration , la Légiflation font ordinairement des objets abfolument inconnus.

Quant à la feconde, elle forme depuis long-temps un fujet perpétuel de réclamation. Les Colons n'ont prefque jamais ceffé de fe plaindre, & d'un autre côté il n'eft que trop connu que nos Colonies coûtent encore plus à l'Etat qu'elles ne lui produifent. L'on a cru auffi pouvoir mettre en queftion s'il ne feroit pas avantageux pour la France d'abandonner une forte de propriété qui ne convient point, dit-on, à notre génie, à notre caractere national. Mais quoiqu'il en foit, il eft certain au moins que cette partie de l'Adminiftration a befoin des plus grandes réformes. L'économie n'eft pas même le feul objet que l'on ait à fe propofer. L'on doit encore s'occuper de tout ce qui tient au Gouvernement, à la Juftice, à la Police ; car il paroît qu'à cet égard le régime eft extrêmement vicieux & abufif. Les Colons fe plaignent fur-tout de la tyrannie des Commandans & des Intendans. Il faut donc voir fi le pouvoir que l'on a donné à ces Officiers n'eft point exorbitant; s'il convient qu'ils aient quelque part dans l'adminiftration de la juftice ; fi même les Intendans font néceffaires,

& fi les fonctions auxquelles il feroit à propos
de les borner ne pourroient point être remplies
par de fimples Commiffaires Généraux. On doit
fonger, en un mot, à tout ce qui peut contribuer
au bonheur des Colons & à faire profpérer la
Culture & le Commerce.

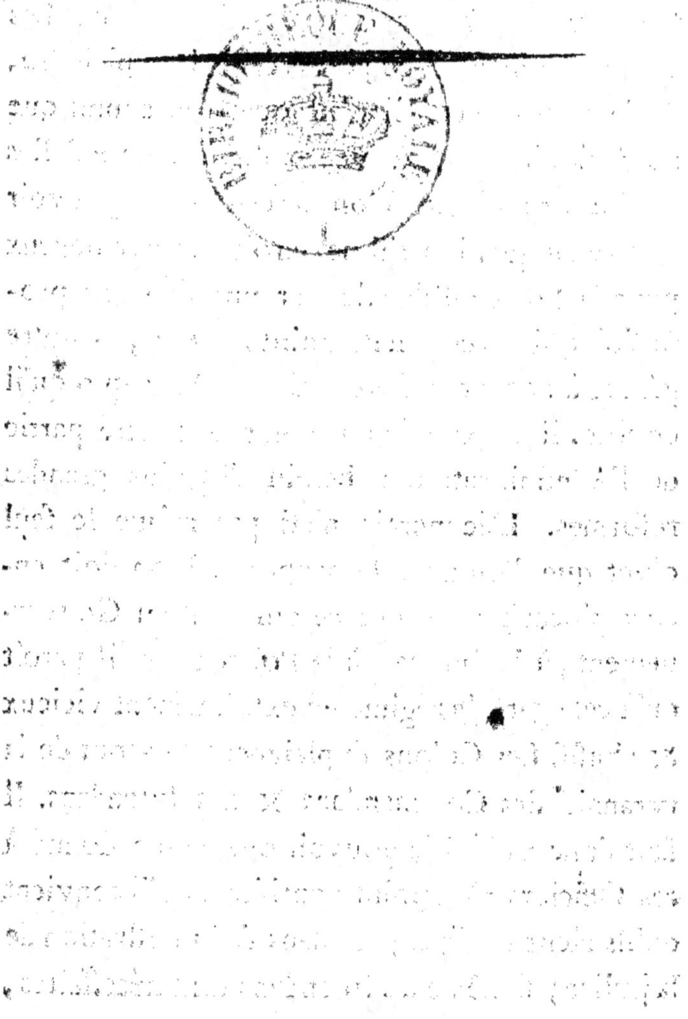